Conversations with Professor Y

Conversations

Published for Brandeis University Press by
University Press of New England
Hanover and London, 1986

with Professor Y

Louis-Ferdinand Céline

Translated by Stanford Luce

BILINGUAL EDITION

University Press of New England

Brandeis University	University of New Hampshire
Brown University	University of Rhode Island
Clark University	Tufts University
University of Connecticut	University of Vermont
Dartmouth College	

© 1986 by the Trustees of Brandeis University

Printed in the United States of America

LIBRARY OF CONGRESS CATALOGING-IN-PUBLICATION DATA

Céline, Louis-Ferdinand, 1894–1961.
  Conversations with Professor Y.

  English and French.
  Bibliography: p.
  I. Title.
PQ2607.E834E613   1986   843'.912   85–40932
ISBN 0–87451–363–4

The French portion of this text originally appeared in *Entretiens avec le Professeur Y* (Paris: Librairie Gallimard, 1955).

To those who love the magic of language

Contents

Acknowledgments

I wish to thank all those who wittingly or unwittingly helped prepare me for the challenge of translating Céline's work. Most specifically Mme Destouches who granted permission and Henri Godard who facilitated arrangements with Gallimard. For assistance in the actual translation, my thanks to Françoise Dagenais, Jean Cazajou, Pierre Sotteau and various members of the Société des Etudes Céliniennes.

Oxford, Ohio   S.L.
October 1985

Introduction

In late winter 1955, Gaston Gallimard published *Entretiens avec le Professeur Y* by Céline (1894–1961), here translated for the first time into English. It is a fictionalized dialogue in which the author satirizes academic literature and creates a text to illustrate his own sense of language and style. For him the primary goal was to express the emotion of oral language through the written form. No writer has yet succeeded in matching the powerful style he developed for his works. Though inimitable, the role he played in the development of literature today is of great importance; his influence has profoundly altered the form of twentieth-century world literature.

Céline was a curious man: paradoxical and restless, doctor of medicine and poet of delirium, realist and myth-maker. He deeply distrusted human nature, both for what the past revealed and what the future seemed to hold. As for the present, he raged in his writings and in his life against things as they were, not perhaps hoping to change them but needing to howl his warning.

Brutal, iconoclastic, he railed at man's ignorance and wretchedness, painting himself and society with the same black brush, yet forcing all to roar with helpless laughter before the panorama of the human dilemma he presented. He was not a pretty man, nor was his view of society a pretty one. His sense of despair was so total, his description of human existence so bleak, that critics cried out in protest. Yet one of them, Bernanos, wrote: "No question his portrait of society is outrageous, but is it true?"

Céline took everyone to task. Even to his own feelings or acts he attributed the blackest motives; it was the game he played with his readers. If he felt drawn toward the frail and the ill as a doctor, he claimed it was because they could not threaten him. In fact, he scourged both rich and poor, fit and feeble, the powerful and the weak, for stupidity, he felt, was confined to no one class.

He attributed his pacifism to cowardice, yet he volunteered for military service in both world wars, and served once with distinction.

A loner, he shunned all groups and associations, smashed ikons in the name of independence, discounted values and customs that had outlived their day and purpose. A pacifist, he berated all those who did not repugn war. To his way of thinking, that list ran from the Jews and industrialists to the patriots and the Pope. When he spoke well of fascism it was because he believed that the German State had the strength to impose peace on a united Europe. It did not prevent him during the Occupation from calling Hitler himself a Jew. This self-proclaimed coward never hesitated to tackle those he deemed enemies, no matter how powerful. Invariably he grouped them all under the rubric of Jew, his label for those who failed to work for peace.

He was a scurrilous man, an "unmentionable man," to use his words, for his racism, for his deviation from the paths of tradition, for his genius as a writer who could touch emotions, inflame passions (against himself, if need be), for his coercion of others to judge what motivated their acts. Without obfuscating, he did not shy from grossness or obscenity, which was indelicate if not indecent. But Céline felt abstractions did not count; ideas obscured life.

His search for truth uncovered no bright luminescence; truth was death. He exposed the hollowness of pretense, wit and ideas, the curse of ignorance, the futility of struggle and hope. Man was condemned by his nature. "Medical thought," wrote Céline, "[is] perhaps the one truly humane thought in this world." Other thoughts had little to recommend them.

Love, for instance, was no soaring transcendence of the soul, no poetic surge. As he wrote in the opening pages of *Journey to the End of the Night*, love was simply bringing the infinite down to the level of a poodle. Life after death was another illusion that comforted mortals. Of all religions, Christianity at least had the virtue of pointing out man's petty nature, or as Céline often wrote, of pushing man's nose into his muck, forcing him to recognize that he was nothing but a turd, a glob of putrescence (*Mea Culpa*, pp. 16–17). Céline denigrated God as one "who

counts the minutes and the pennies, a God without hope, sensual and grunting like a pig. A God with wings of gold who keels over, belly up, eager for caresses . . ." (*Journey*, chap. 1). Because Christianity had had 2,000 years to end war, and had failed, Céline rejected it. He would willingly have sacrificed the Cathedral of Notre Dame, and all the others, in exchange for peace.

He dismissed the values of heroism, loyalty, patriotism and valor as the masks of ignorance, feeling that they glorify war and killing. "We are born loyal and we die of it" (*Journey*, chap. 1). Cowardice is what we must teach, he said, for the coward alone is aware of how a bullet can tear up a man's guts. But of course the coward, our only seer, is despised, loathed.

As we have seen, Céline favored no class. He felt politicians misused their power, the wealthy exploited the system, intellectuals became lost in obscurantism, the bourgeois sought only to become wealthy. Despite his basic pity for the poor, they did not escape his censure for they were human, that is to say both ignorant and abject. He found the masses to be galley slaves, good for lashings and sweat. We are the minions of good King Wretchedness. "Against the abomination of living in poverty, we must, let's admit it, it's our duty, become drunk with something, wine, the cheap kind, masturbation or movies." At least that would offer a bit of the "delirium of the soul" Céline described in his novels and perhaps felt in his life. Out of all the dreams and miracles we can choose those that best "warm our soul."

Céline felt traditional moral and religious values were suspect; people were misled by prudishness, deluded by false promises, invalid hopes and habits. He felt, for instance, as Alméras noted, that physical sexuality was not obscene, but the concept of "love foreverness" was both an obscenity and a lie. It was his painfully human task to strip man's mask from his comfortable illusions, to speak out with vigor and clarity. He used one favorite image to describe his role in life, as the lead husky for an arctic dog sled. Upon his sharpness of eye, his instinct for danger—a snow-covered crevice, thin ice, a potential avalanche—rested the safety of all. His baying, loud and prompt, gave the warning note. In similar fashion Céline the writer warned of poverty, impending war, an Apocalypse, not with a murmur or a "by the way" (no

equivocal tones would suffice), but with a howl to shatter the welkin: clear in meaning, heard by all, fulfilling his role of guide and crier.

Céline seemed to enjoy antagonizing his readers. After all, such an attitude aroused the public and sold books. Perhaps that was the price he was willing to pay. But not only did it sell books, it stirred up the country and impelled critics to offer their condemnation or to risk their approval of this rigorously independent writer, this literary anarchist. Many responded, each in his own way. Some found the author boring, obscene, immoral; others found him absorbing, refreshing, honest. To a few critics he was a mixture of all. He was compared to Swift as a parodist, to Zola as an observer, to Artaud, James Joyce, William Burroughs, Kafka and the surrealists for defining himself through his style, to Pascal for his vision of solitude, to Rabelais for his boisterousness—albeit black rather than jovial. His style was described alternately as a breath of fresh air, a rancid effluvium, a fresco of satire. It was at once mean and gross with flashes of dignity, cynically sincere, a net in which human emotions were caught, an appropriate form with which to discuss the stench of human wretchedness. Impoverished in syntax, it was a rejection of formalism. "Not till Céline arrived," observed Marcel Aymé, "did we notice that French grammar was wearing a high collar, heavily starched." Both Céline's style and his person were "of the people."

For his pessimism, Hayman called him "the black magician of hilarity and rage," and P. H. Simon wrote that Céline would not "sugar-coat the pill." His world lived in abject wretchedness. Fowlie feels Céline was the first to announce "the exclusive theme in contemporary literature: the absurdity of human life." Céline's humor reflected its source: Tyczka describes his comedy as "a sadistic raillery of ugliness and decay," Tanguy calls him "a wolf of black humor, a catharsis for our time," and Godard sees him as moving from gag to satire to black humor, able to "laugh at the intolerable." In the same vein, Vitoux claims that Céline's words are to the wretchedness he describes as a remedy is to disease. His comedy, though rooted in despair, is irrepressible, outrageous, truculent, brutal, honest and cathartic.

These were the qualities that heavily influenced the course of

literature in the twentieth century: despair, absurdity and the need for a new morality. Many writers were directly affected by Céline and acknowledged this indebtedness in their writing. Among them were Sartre, Queneau, Nimier, Henry Miller, Kurt Vonnegut, William Burroughs, and the Beat Generation. In France a large number of writers tried to imitate Céline's seemingly effortless style in order to "make a buck," as he put it, but discovered the task was next to impossible. A slavish imitation of his style was inevitably superficial. A few such as Renzo Bianchini showed similar passions and moods, but even they fell short of matching his *gueule*, the power of oral language that was uniquely Céline's.

Before confronting the *Conversations with Professor Y* it is relevant for the reader to understand why the author wrote this particular work at this particular time. Céline's first two novels in 1932 and 1936 had ravaged the orderly garden of letters that had prevailed, with rare exceptions, up to his day. *Journey to the End of the Night* was both scandal and bestseller. A mixture of autobiography and myth, it began with his adult years when he leaped into the First World War to discover life at the front utterly lacked the panache of the brass band that had recruited him. Worse than horror, war was an absurd hypocrisy. Wounded, discharged, he traveled to the Cameroons to work at a trading post. His description of the colonists, soldiers and blacks, all engulfed in steaming heat, booze and fever, justifies his flight to New York. There he satirizes the American obsession with money, statistics, and production, particularly on the assembly lines of Detroit. His return to France to practice medicine in the poverty-ridden sections of Paris and later in an asylum leads to all sorts of adventures and miseries, which make up the tragic fallout of life.

Death on the Installment Plan attracted almost equal attention, acclaim and blame. It tells the story of Céline's childhood years in a desperately poor family, with a crippled mother striving to tend a tiny shop in central Paris and a father undone by his pride and his poverty. A grotesque yet fascinating year of schooling in England is followed by an apprenticeship with a would-be scientist and huckster. These years preceding the author's military service are also flooded with suffering and woe. Yet somehow, despite the perversity of human nature and the wretchedness of

life, he finds redeeming strengths and occasional greatness of soul in those he meets, even compassion, which help to make life bearable.

Shortly after this novel appeared, his first pamphlet, *Mea Culpa*, was published. It was inspired by a visit Céline made to Russia at the invitation of members of the Soviet government, who hoped to find in this proclaimer of social injustice a new advocate for the new society, the communist promise. They had as yet not understood Céline's categoric refusal to support, let alone join, any movement or system devised by human beings in their search for a brighter world. Céline was too clear-sighted, too practical to believe any systems could transcend their creator's faults. He would not color failure with hope, nor disappointment with the patient optimism of self-deception. His views on Soviet society, especially concerning Russian medical facilities, were devastating. The expression he gave to these views was vehement, shocking, forthright. Russia and world communism, including the communist movement in France and its daily paper, *L'Humanité*, never forgave him this shattering attack.

Published in the same volume with *Mea Culpa* was his doctoral thesis, *The Life and Work of Philip Ignatius Semmelweis (1818–1865)*, which Dr. Destouches—soon to be Céline—had originally written in 1924. Here he already showed his skill as a writer and his virulence toward the blindness, the ignorance, the vanity of man. The style was clear, compelling, but only faintly indicative of the explosive form it was to assume for the narration of his novels and pamphlets. But Céline was already revealing his attitudes toward the world: the existential questioning of man's purpose; the bitter despair at finding man unable to face his reality; the cry for renewal, for sobriety, for honesty, for a new moral sense.

Semmelweis was the Hungarian doctor of obstetrics who had struggled to limit puerperal fever in the maternity clinics by the simple expediency of washing one's hands before touching the mother. But such a measure could not then be justified and ran headlong into established methods, challenging the competence and prestige of medical practitioners of the day. His life was spent in outraged commitment and painful frustration. Unable to make

colleagues see the validity of his beliefs or the need for antisepsis, he could not contain his despair and committed suicide.

Céline's thesis was no calm presentation of the facts. Indeed some of the "facts" were fiction. One scene—the doctor's suicide—is said to be total fabrication. Truth or fiction, the suicide was related in a style that departed radically from that of the usual thesis:

> Around two o'clock Semmelweis was seen rushing across streets pursued by the swarm of his imagined enemies. Howling, in disarray, he made his way to the anatomy amphitheater. A cadaver was there, laid out on the slab for a demonstration. Seizing a scalpel he bursts through the circle of students, scattering chairs, approaches the marble slab, makes an incision in the skin of the cadaver, cutting into the putrid tissues before anyone can stop him, wherever his whim dictated, detaching scraps of muscle and casting them wildly about. His moves all accompanied by exclamations and phrases that lead nowhere.
>
> The students recognized him, but his appearance was so threatening that no one dares intercede . . . He seems beyond reason . . . He picks up his scalpel again, forages with fingers and blade alike inside a cavity oozing fluids. With one gesture more abrupt than the others he inflicts a deep gash in his hand.
>
> The wound bleeds. He shrieks. He threatens. They disarm him. They surround him. But it is too late . . . he has just infected himself mortally. (*Club de l'Honnête Homme*, p. 69)

Céline recognized in this man's life the obsession of his own career, his own longing for peace. He was to find that society could no more accept peace than doctors could accept change. When passions rule behavior the results have always been catastrophic. In Céline's view, they led to an unending voyage of brutality, maiming and death. Pride and patriotism, revenge and heroics clogged the road to peace. But Céline tried single-handedly, as did Semmelweis, to bring his readers to approve his goal. His effort materialized in the explosion of the 370-page *Bagatelles pour un massacre*, the second of his four pamphlets.

The year was 1937 and another world war seemed ominously close. At age twenty Céline had served in the First World War and was seriously wounded carrying out a volunteer mission. He had been awarded a badge for heroism, released from active duty and

returned to civilian life. But he was never to outlive his experience, his wounds or his conviction that war was absurd.

Bagatelles clearly expressed his fury at sensing the imminence
of a second war. As the lead husky, Céline wanted all to heed his
warning and share his anger. The violence with which he expressed himself had known no equal in French literature since
the seventeenth-century confrontation of Catholic and Huguenot
in *Les Tragiques* of Agrippa d'Aubigné. Céline's targets were,
predictably, the Jews, the industrialists, the politicians, the non-
committal Catholic church, and the numerous literary figures
who had failed, in his view, to face reality with authentic emotion, from Racine to Mauriac and Valéry. The frenzy of his passion, the uniqueness of his art made it difficult for him to believe
or forgive. In the *NRF* Gide claimed *Bagatelles* to be so extreme
it must be a joke, that Céline was depicting not reality "but the
hallucination reality had provoked" (p. 630). The anti-Semites
themselves were stunned, embarrassed by the violence of the
prose, which seemed so excessive as to be incredible. Nazi Germany in fact banned the book.

Despite the fury of this pamphlet, Céline does not consistently
play the ogre; there are sections that show a variety of tone and
subject not heretofore seen in Céline's writing, and that better allow the reader to appreciate his genius. Note this moving description of Leningrad:

> It holds the entire city in its hand, the sea! . . . diaphanous, tense with
> fantasy . . . at arm's length [. . .] a hundred decors sloping off, each
> more grandiose, toward the sea. But there is a treacherous breeze that
> slips in, mewls, pirouettes . . . a stealthy breeze, gray, sly, sadly gliding
> along the waterfront . . . a winter breeze in midsummer . . . the water
> wrinkles near its edge, blurs, shivers against the stones. Withdrawn, de-
> fending the park, stands the high grillwork, the endless forged iron lace
> . . . the patch of towering trees . . . the proud chestnuts . . . awesome
> monsters swollen with foliage . . . clouds of dreams rooted in the soil
> . . . already shedding their rust of leaves. (p. 332)

Then note how at another moment he decried France's excessive alcoholism and its effect upon the people.

> I know what the people need, it's not a Revolution, nor ten Revolu-
> tions . . . What they need is to be dried out in solitary for ten years, with
> nothing but water to drink! let them puke out all the alcohol they've

swilled down since 1793, and the promises heard . . . As is, there's no
cure. They're so besotted with masonic filth and rotgut, their viscera so
bejeweled, so cirrhotic that it collapses in shreds into the Jewish crappers.
(pp. 87–88)

There follows (pp. 142–51) a chapter on the statistics of alcoholic consumption in France and the devastating havoc it plays
with the nation's health. Another section deals with the need for
campaigns and clinics to fight the venereal disease problem in the
country. Yet another treats the intellectual anemia of France, how
literature is deader than death: no life, just form and pallor. "Let
us recall the events: Monsieur Gide was still wondering, quite
overwhelmed with reticence, with sinuous scruples and with fra-
gilities of syntax, whether one should or should not bugger the
young Bedouin, well after my *Journey* had already kicked up a
row" (p. 82). He finds that life in France no longer has its spark:
"The French have lost their soul, a cancer has consumed it, the
cancer of crassness, a malignant tumor, but they're even more
slow-witted and wizened than boorish or cunning" (p. 132).

Some of Céline's observations are simple aphorisms that probe
deep into human nature and give us all a moment's pause. "Good
dreams are born of the flesh, not the mind. The mind only gives
birth to lies. Life through the mind's eye is no better than life as a
goldfish sees it" (p. 191). Here can be seen his favorite theme:
The immediacy of emotion as sensed by the body is always of
greater value than the vicarious emotion of the spectator. This is
at the root of his "little invention," as he later refers to it in the
Conversations with Professor Y. The writer must experience his
own feelings, not just read about the feelings of others.

But the subject most often dealt with, by far, is the Jew. Note
these typical passages: "The only serious thing these days for a
great man, scientist, movie director, financier, industrialist, poli-
tician (and then it's really serious) is to get on the bad side of the
Jews. The Jews are our masters, here, yonder, in Russia, England
and America, everywhere" (p. 49). And: "Pillage, steal, pervert,
stultify, pollute, bleed everything he runs into: modesty, music,
rhyme, merit, that's the Jew's talent, his earliest justification"
(p. 183). The question of whether such statements were prompted
solely by anti-Semitism or also by fear of war has been long de-
bated and may never be fully resolved.

Upon the publication of the third pamphlet, *L'Ecole des cadavres* (1938), few critics cared to address the presentation of the same issues again. With the appearance of the last pamphlet, *Les beaux draps*, in 1941 (the title of which shows an ironic appreciation for the "mess" a defeated France found itself in), critical notice slowed to a trickle. For some fifteen years a conspiracy of silence surrounded the man and his work. The wartime generation of young people finished their schooling without ever having heard of him. Some of their parents—as long as he was in exile—tended to forget.

When the Occupation years drew to a close Céline started receiving a number of death threats and deemed it unwise to remain in Paris. Indeed shortly after the liberation of the city the publisher of his pamphlets, Denoël, was assassinated at the Invalides. Céline was right to fear the vigilante justice of rancors long held in abeyance. He left in early autumn 1944, with his wife, Lucette, and cat, Bébert. They went first to Sigmaringen, Germany, then in March 1945 made their way through that war-torn country into Denmark. Not long after his arrival in Copenhagen the Danes imprisoned him for nearly eighteen months. However they did not yield to France's request for extradition, feeling there was insufficient proof of Céline's having actively collaborated with the enemy. After his imprisonment he was freed to live on his own recognizance in a simple shelter on the Baltic coast.

Shortly before Céline's release from prison he entered into the brief but warm—and enlightening—correspondence with Milton Hindus, a young American Jew and professor of English. In Céline's eighty-some letters can be seen the development of the writer's ideas about literature, about his fellow writers, his absorption with style and with the problems of rendering emotion through the written word. These bits and pieces, the metro metaphor and the bent stick in a glass of water were later to become essential ingredients of the *Conversations* that follow.

Hindus did manage to see Céline in Denmark during the summer of 1948. The meeting was a disappointment to both; the warmth of the correspondence had led them to expect more, but such was not the case. When the two men met face to face, their personal traits inhibited the free exchange of ideas that had been possible through the exchange of letters. Despite this disappoint-

ment, the meeting did provide an opportunity for Hindus to see Céline, to become aware of the man, to witness firsthand his bitterness during that painful period. Besides the letters, their relationship yielded one of the first books to introduce Céline to the English-speaking public. This was Milton Hindus' *The Crippled Giant*, published in 1950.

Finally in 1951, almost seven years after Céline's departure, the French government granted him amnesty, and he and his wife were at last allowed to reenter the country. A few months later, assisted by his new publisher, Gallimard, they bought a house in Meudon halfway up a large hill. From there they had a panoramic view of Paris, stretching from the roofs of the Renault factory along the Seine to as far as the eye could see. His yard was fenced in, prowled by large dogs who intimidated the curious and the vengeful. Even seven years had not dimmed the passions his pamphlets had aroused.

Many factions became angry when Céline was allowed to return to France. His trial in absentia had been sensationalized. There was one demonstration by the Communist party, ever mindful of his *Mea Culpa* attack on Russia. Members gathered before his house to demand he leave. They withdrew only when Henri Albert, then mayor of Meudon, reminded them that Céline had paid his dues for whatever crimes might have been attributed to him and threatened to call the National Guard troops.

Postwar Paris was still rebuilding from its wounds—physical, commercial and moral. It was not too unlike the situation Céline describes in these *Conversations*. His reputation as a novelist was poisoned with the anti-Semitism of his pamphlets. The conspiracy of silence, as mentioned, had kept a whole generation ignorant of the man and his work. The two *Féerie* novels, written largely in Denmark, depicting France under the stress of the Occupation, proved to be too hallucinatory to attract readers. Sales were slow. As a matter of expediency, Gallimard suggested that he "play the game," recall his name and his genius to the attention of the public. The campaign to restore his popularity as a leading French novelist was launched with this discourse on literary style, where he described his struggle to seize the emotion of oral language through the written form. It is probably one of the most innovative poetic arts that has ever been published.

He had returned to his native country; *Conversations* would be the vehicle for his rebirth in French literary circles. He realized this might well be his last opportunity to recapture the reading public and to prove to them that his originality lay not in the spawning of ideas but in the invention of a style. Despite the fact the author's despair and independence had made him a man of controversy, he retained the uproarious comic sense that had been his trademark since the publication of his first novel. It is obvious, however, that he did not wish to renew the old hatreds that his anti-Semitism, antiheroism and antipatriotism had stirred up during the pamphleteering thirties. These feelings are notably muted here. The penalty paid for his excesses he now chose to put behind him.

In this pseudo-interview Céline created Professor Y as a foil for his jibes at traditional literature. The first part of the text depicts the professor as an academician who consents to the interview as a favor to Gallimard.[1] The second part illustrates the literary principles Céline explained, by taking the reader along on a wildly hilarious trek across Paris to his publisher.

Conversations with Professor Y is no scholarly treatise on the art of writing, no codification of precepts to be followed. Céline treats the goal of the writer ("to pin emotion down on the printed page") with only the meagerest suggestion of how to achieve it: creating a written form that contains the vital force of oral language. Speech holds within it the spontaneity of action, the immediacy of feeling, the depth of passion, fear, sorrow and joy. He claims that the formalization of language, the stiffness and the propriety, alter the substance of what is communicated; while sprucing up the surface they make the contents bland, and dull the impact of sense and structure.

But more than being a statement on how to create, this work is a demonstration of his art. The *Conversations* are not simply a genteel exchange of views on the subject of literature. Far from it. They become a brawling, incontinent stampede across Parisian streets and parks, a maniacal buying binge, an alcoholic guzzle, an insane nude frolic through public fountains and finally the calm of exhaustion. Now that is a statement backed up by example. A poetic art to be remembered.

One of Céline's admirers had proposed that his genius at mix-

ing delirium and reality were second to none. If he chose, the admirer went on, to animate the frozen night of Antarctica, in no time at all demonic shapes would howl, jostle, tear and rend. A pandemonium would unfold, an epic nightmare of horror and despair—almost human in its blackness—and yet where, somehow, "caught in the web of his style," a grotesque, gut-shaking, boisterous laughter would fill the scene, invade and mock the characters themselves. Somehow the miracle of bonding comedy and misery, exaggeration and reality, nonstop, all emotion, would carry the breathless reader through to his destination.

These poetic qualities, this frenzied portrayal of reality and the transposition of oral language into a written form create enormous headaches for the translator. He or she is frequently at a loss as to how—and sometimes even whether—to represent the force of Céline's style along with its message. The sum of problems that confront any translator are all brought together in Céline's work. First and perhaps foremost, the writer and most of his critics agree that his style is that of a poet. What the translator must render is not just the substance but the poetry, the rhythm, the touch of music ("la petite musique," as Céline calls it), the "transposed" oral language, the vitality of the emotions; in short he must "bend the stick," as in Céline's metaphor, to compensate for the refraction reality undergoes when printed on a page. Since no French writer has yet equaled Céline's style, it is obvious that in another language such a feat is all the more improbable. Then there is the question of *gueule*, that "mouth power," the product of vigor, alarm, despair, the apocalyptic tone that resonates through his prose. Even a bout of nausea is described in epic proportions; reproducing that tone is no easy matter.

Lastly, but equally important as part of the Céline impress, is the invention and deformation of words. Many specific examples can be found where meaning and emotion (fear, derision, exaggeration or violence) are combined in one term. The conscientious translator engages in a long search to find the equivalents rather than clumsy paraphrases or conventional synonyms.

All these elements together account for much of the difficulty of rendering Céline's work on a level that approaches the French original. In fact, the translator cannot do it all; some of the task also belongs to the reader. Hence the bilingual form of this edi-

tion, to enable the reader to better understand just what Céline was all about—the power that shapes his phrases, the mocking vision of man staking out his life with such seriousness of purpose, and the deep laughter that pursues him the while. I only hope this English version conveys at least a part of the wonder that Céline provokes in French.

Conversations with Professor Y

Entretiens avec le Professeur Y

La vérité, là, tout simplement, la librairie souffre d'une très grave crise de mévente. Allez pas croire un seul zéro de tous ces prétendus tirages à 100.000 ! 40.000 !... et même 400 exemplaires !... attrape-gogos ! Alas !... Alas !... seule la « presse du cœur »... et encore !... se défend pas trop mal... et un peu la « série noire »... et la « blême »... En vérité, on ne vend plus rien... c'est grave !... le Cinéma, la télévision, les articles de ménage, le scooter, l'auto à 2, 4, 6 chevaux, font un tort énorme au livre... tout « vente à tempérament », vous pensez ! et « les week-ends » !... et ces bonnes vacances bi ! trimensuelles !... et les Croisières Lololulu !... salut, petits budgets !... voyez dettes !... plus un fifrelin disponible !... alors n'est-ce pas, acheter un livre !... une roulotte ? encore !... mais un livre ?... l'objet empruntable entre tous !... un livre est lu, c'est entendu, par au moins vingt... vingt-cinq lecteurs... ah, si le pain ou le jambon, mettons, pouvaient aussi bien régaler, une seule tranche ! vingt... vingt-cinq consommateurs ! quelle aubaine !... le miracle de la multiplication des pains vous laisse rêveur, mais le miracle de la multiplication des livres, et par conséquent de la gratuité du travail d'écrivain est un fait bien acquis. Ce miracle a lieu, le plus tranquillement du monde, à la « foire d'empoigne », ou avec quelques façons, par les cabinets de lecture, etc... etc... Dans tous les cas l'auteur fait tintin. C'est le principal ! Il est supposé, lui, l'auteur, jouir d'une solide fortune personnelle, ou d'une rente d'un très grand Parti, ou d'avoir découvert (plus fort que la fusion de l'atome) le secret de vivre sans bouffer. D'ailleurs toute personne de condition (privilégiée, gavée de dividendes) vous affirmera comme une vérité sur laquelle il n'y a pas à revenir, et sans y mettre aucune malice : *que seule la misère libère la génie... qu'il convient que l'artiste souffre !... et pas qu'un peu !... et tant et plus !... puisqu'il n'enfante que dans la douleur !... et que la Douleur est son Maître !...* (M. Socle)... au surplus, chacun sait que la prison ne fait aucun mal à l'artiste... au contraire !... que la véritable vie du véritable artiste

Conversations with Professor Y

Here's the truth, simply stated . . . bookstores are suffering from a serious crisis of falling sales. Don't believe a single zero of all those editions claimed to be 100,000! 40,000! . . . even 400 copies! just for the suckers! Alack! . . . Alas! . . . only love and romance . . . and even then! . . . manage to keep selling . . . and a few murder mysteries . . . rather wanly . . . Matter of fact, nothing is selling . . . bad times! . . . Movies, TV, appliances, mopeds, big cars, little cars, middle-sized cars really hurt book sales . . . credit merchandise! imagine! and weekends! . . . and those good old two! three month! vacations . . . and posh cruises! . . . hi there, little budgets! . . . watch those debts! . . . not a red cent to spare! . . . so, you know, buying a book! . . . a camper? well! . . . but a book? . . . easiest thing to borrow there is! . . . a book gets read, for sure, by at least twenty . . . twenty-five readers . . . Hah, just suppose bread, or better yet, ham, could satisfy, one slice! some twenty! . . . twenty-five consumers! what a windfall! . . . the miracle of the shared loaves would set you dreaming, but the miracle of the shared books, and the writer working for free, is a well-established fact. This miracle takes place, no fuss, at the secondhand counters or, a bit more nicely, in reading rooms, and so forth and so on . . . In every case the author goes a-begging. That's the main thing! The author is assumed, of course, to possess a bankroll of his own, an income from some eminent Person, or to have discovered the secret (greater than atomic fission), of living without the feedbag. Besides, any person of importance (privileged, stuffed with dividends) will affirm as a matter of faith, no malice intended, that only poverty can bring out the genius in a man . . . that it is fitting for the artist to suffer! . . . and no small bit! . . . a great deal! . . . since he gestates best when in pain! . . . when Pain is Master! (M. Socle[1]) . . . and besides, everyone knows that prison does no harm to the artist . . . on the contrary! . . . that the true life of

3

n'est qu'un long ou court jeu de cache-cache avec la prison... et
que l'échafaud, pour terrible qu'il apparaisse, le régale parfaitement... l'échafaud, pour ainsi dire, attend l'artiste ! tout artiste
qui échappe à l'échafaud (ou au poteau, si vous voulez) peut être,
la quarantaine passée, considéré comme un farceur... Puisqu'il
s'est détaché de la foule, qu'il s'est fait remarquer, il est normal et
naturel qu'il soit puni exemplairement... toutes les fenêtres sont
louées, déjà, et à prix fort, pour assister à son supplice, le voir
enfin grimacer, sincèrement ! Place de la Concorde, par exemple... la foule arrache déjà les arbres, en fait qu'un espace vide
immense des Tuileries ! pour mieux lui regarder sa binette, quand
on lui coupera le cou doucement, tout doucement, avec un tout
petit canif... la fin du clown, celle qu'on attend, c'est pas tellement qu'il soit cocu, mièvre réjouissance ! c'est qu'on le li-
gote sur le chevalet ! ou sur la roue ! et qu'on le fasse là hurler
quatre... cinq heures... c'est ce qui se prépare pour l'écrivain !
clown aussi !... pardi !... il n'arrive à échapper à ce qu'on lui mi-
jote que par roublardise, larbinage, tartuffiages, ou par l'une des
Académies... la grosse ou la petite, ou une Sacristie... ou Parti...
autant de refuges bien précaires !... pas d'illusions ! comme ils
tournent mal, et souvent, ces soi-disant « refuges » !... et ces « en-
gagements »... hélas ! hélas !... même pour ceux qu'ont trois ou
quatre « cartes » !... autant de pactes avec le Malin !...

Au total, si vous regardez bien, vous verrez nombre d'ecrivains
finir dans la dèche, tandis que vous trouverez rarement un éditeur sous les ponts... n'est-ce pas cocasse ?... je parlais de tout
ceci à Gaston, l'autre jour, Gaston Gallimard... et Gaston en con-
naît un bout, vous pensez !... il trouvait, pour ce qui me concerne, que je devrais bien essayer de rompre le silence qui m'a fait
tant de tort ! le rompre ! un bon coup ! sortir de mon effacement
pour faire reconnaître mon génie...

« Gi ! »

J'y dis.

« Vous jouez pas le jeu » !... qu'il concluait... il me reprochait
rien... mais quand même !... il est mécène, c'est entendu, Gaston...
mais il est commerçant aussi, Gaston... je voulais pas lui faire de
peine... je me suis mis à me rechercher, dare-dare, sans perdre
une minute, quelques aptitudes à « jouer le jeu »... pensez, scien-

the true artist is a long or a short game of tag with prison, before he's "it" . . . and that the scaffold, no matter how awesome it appears, will fix him up but good . . . the scaffold, you might say, is awaiting every artist. The artist who escapes the scaffold (or gallows, if you prefer) may be, at least after age forty, considered trivial . . . Since he has charted his own course, become noticed, it is normal and natural that he be made an example of, punished exemplarily . . . all the windows are rented, already, at a stiff price, to attend his anguish, see him grimace at last, sincerely! Place de la Concorde,[2] for instance . . . the crowd is already yanking out the trees, turning the Tuilerie Gardens[3] into an immense open space! to get a better look at his mug before they cut off his head, oh! ever so gently! with a tiny little blade . . . clown's end, what they're waiting for, not so much that he's a cuckold, insipid pleasure! it's having him bound to the trestle! or to the wheel! and making him howl there four . . . five hours . . . that's what lies ahead of the artist! or clown! . . . b'God! . . . he only escapes their conniving brew by even greater cunning, brown-nosing, hypocrisy, or by membership in an Academy . . . the big one or the little,[4] or a Sacristy . . . or Political Party . . . just so many risky havens! . . . let's not kid ourselves! how often they turn out for the worst, those so-called havens! . . . and those "commitments" . . . Great Grief! . . . even for those who have several "connections"! . . . They're all pacts with the Devil! . . .

All in all, if you look around, you'll see any number of writers end their days as ragpickers, but it's a rare publisher who takes to sleeping under the bridges . . . a riot, isn't it? . . . I was talking to Gaston about all that, just the other day, Gaston Gallimard[5] . . . and he's no slouch when it comes to publishing, and that can be said twice over! . . . he decided that in my case I should break out of the silence that had done me so much harm! break out! once and for all! let my genius out of the bag for others to see . . .

"Yeah!"

I tell him.

"You're not playing the game!" . . . is how he ended up . . . no reproach . . . but just the same! . . . a patron of the arts, Gaston, of course . . . but a business man, too . . . I didn't want to give him any trouble . . . set my mind to dreaming up, right off, no time to lose, a few ways to 'play the game' . . . imagine, scientific

tifique comme je suis, si j'ai prospecté les abords de ce « jouer le jeu » !... J'ai compris *illico presto*, et d'un ! avant tout ! que « jouer le jeu », c'était passer à la Radio... toutes affaires cessantes !... d'aller y bafouiller ! tant pis ! n'importe quoi !... mais d'y faire bien épeler son nom cent fois ! mille fois !... que vous soyez le « savon grosses bulles »... ou le « rasoir sans lame Gatouillat »... ou « l'écrivain génial Illisy » !... la même sauce ! le même procédé ! et sitôt sorti du micro vous vous faites filmer ! en détail ! filmer votre petite enfance, votre puberté, votre âge mûr, vos moindres avatars... et terminé le film, téléphone !... que tous les journalistes rappliquent !... vous leur expliquez alors pourquoi vous vous êtes fait filmer votre petite enfance, votre puberté, votre âge mûr... qu'ils impriment tout ça, gentiment, puis qu'ils vous rephotographient ! et encore !... et que ça repasse dans cent journaux !... encore !... et encore !... moi, n'est-ce pas, pour ce qui me concerne je me voyais déjà embarqué dans un de ces affreux pataquès !... justifier ci ?... glorifier ça ?... d'ailleurs des amis, publicistes, m'ont tout de suite, carrément refroidi.

« Tu t'es pas vu, Ferdinand ? t'es devenu fou ? pourquoi pas télévisionner ? avec ta poire ? avec ta voix ? tu t'es jamais entendu ?... tu t'es pas regardé dans la glace ? ta dégaine ? »

Je me regarde pas souvent dans la glace, c'est exact, et le peu que je me suis regardé, à travers les ans, je me suis toujours trouvé de plus en plus laid... c'était d'ailleurs l'avis de mon père... il me trouvait hideux... il me conseillait de porter la barbe...

« Mais c'est du soin, la barbe, mon fils ! et t'es cochon ! et tu pueras !... »

Concluait mon père... quant à ma voix, je la connais... pour crier « au feu » ! elle porte !... mais je vais pas lui demander du charme... en somme : ni écoutable, ni regardable !... je l'ai pas avoué à Gaston... je me suis rabattu sur Paulhan... l'officieux Paulhan...

« Paulhan, si on s'interviouwait ?... plutôt si vous m'interviouwiez ! ça serait pas mal, un « interviouwe ? » ça arrangerait peut-être Gaston ? il veut que je « joue le jeu » !... c'est pas le « grand jeu » l'interviouwe ? non ? vous faites passer cet interviouwe dans vos « Cahiers antiques antiques » ça leur donne une sorte de petit choc... ça leur fait pas de mal ! »

as I am, how I did explore the routes to this 'game-playing'!. . . I understood toot sweet, presto, two shakes! that playing the game meant getting on the radio . . . setting all else aside! . . . stammering out something or other, but spelling out your name loud and clear at least a hundred times! a thousand times!. . . whether you're pushing the new Big Bubbly soap product . . . or the Nickless no-blade razor . . . or the eager genius! . . . the same broth! same cloth! and no sooner you set the mike down you turn to films! in detail! every aspect of your early childhood, your teens, your mature years, your every misfortune . . . and then the phone! . . . call in the press! . . . explain why you spread your whole life out on the screen . . . have them print all that, nicely, then have them take more photos! batches!. . . for printing in a hundred papers! . . . and more!. . . and even more!. . . myself, you know, as far as I could see I was off on a blather of words!. . . justify here! . . . glorify there! . . . besides, some friends, publicists, quickly cooled me off, totally.

"You ever had a good look at yourself, Ferdinand? you off your rocker? why not go on TV? with that mug of yours? that voice? you ever listened to yourself speak? . . . you've never seen yourself in the mirror? that puss of yours?"

I don't look at myself in the mirror very often, it's true, and as little as I have looked at myself through the years, I seemed to be getting more and more ugly . . . that was what my father thought too . . . he thought I was hideous . . . he advised me to grow a beard . . .

"But it requires care, a beard does! and you're a slob! a stinking slob! . . ."

My father's conclusion . . . but I do know what kind of a voice I have . . . for yelling "Fire!" it carries fine! . . . yet I'm not expecting any miracles of charm . . . so here I am: better unseen, unheard!. . . I didn't say all that to Gaston . . . I poured it out on Paulhan[6] . . . busybody Paulhan . . .

"Paulhan, suppose we interviewed each other? . . . or rather, you interview me! that wouldn't be bad, an interview? that'd suit Gaston maybe? he wants me to 'play the game!' . . . that's not the 'real game' an interview, is it? you could insert it into your *Cahiers antiques antiques*,[7] might poke them up a bit . . . wouldn't do any harm!"

Paulhan était plutôt d'avis... il voulait bien... mais il avait tout son temps pris... il était retenu pour des mois! et puis il repartait pour une cure... c'est toujours la croix, la bannière, pour avoir quelqu'un chez Gaston... ils partent en cure ou ils en reviennent... si ils en reviennent ils ont tellement des lettres en retard qu'ils sont des mois à répondre... dicter, redicter... une fois mis les lettres sous enveloppes, collé les timbres, ils sont à bout, sur le flanc... ils repartent en cure... ils ont vraiment tout le temps pris, tout l'Etat-Major de Gaston... vous comprenez pas... vous posez des questions idiotes... vous qu'êtes oiseux, bon à rien foutre! fainéant d'auteur!... parasite de l'Edition!... vous rêvez, voilà!... vous rêvez!... la réalité vous échappe!... ce qu'était réel question Paulhan c'est qu'il repartait en croisière... encore!... encore!... fallait que je trouve un autre baron... un interviouweur qui reste là, qui parte pas en cure!... j'en trouvai un!... puis deux!... puis trois!... puis dix!... qu'étaient très capables... et qui voulaient bien... mais qui me posaient une condition: que je les mouille pas!... que je les cite pas! ils acceptaient, mais «anonymes»!...

Je comprends très bien les prudences... et comment !... on est jamais assez prudent !... à la fin ils étaient cinquante ! l'embarras du choix !... comme je voulais vexer personne... comme je fus embarrassé !... certains si déclamatoires !... d'autres tellement discutailleurs !... j'en trouvai un, ça valait mieux, qui m'était tout à fait hostile... sournois et méfiant... il voulait pas venir chez moi, il voulait pas que j'aille chez lui, il voulait que d'un endroit public... où on passerait inaperçus...

«Soit ! je lui dis... choisissez l'endroit qui vous plaît !

— Au Square des Arts-et-Métiers !»

J'aime bien le Square des Arts-et-Métiers... j'y ai de sacrément vieux souvenirs... je vous appelle mon interviouweur : le professeur Y. Nous voici donc installés sur un banc de ce Square, le professeur Y à ma droite... il biglousait de tous les côtés le professeur Y... ah, il était pas tranquille... à gauche ! l'autre côté !... et puis derrière nous !... c'était à onze heures, onze heures du matin, notre rendez-vous... moi, j'y étais à dix heures et demie !... vous dire !... arriver très en avance c'est la tactique habituelle des gens qui se méfient... qui veulent renifler les abords... la veille qu'il faudrait arriver tellement les humains sont vicieux... enfin ! soit ! bon !... nous voilà !... je m'attendais à ce qu'il me questionne... c'était convenu... non ! rien du tout !... il restait muet

Paulhan sort of agreed . . . he was willing . . . but his time was all spoken for . . . months ahead! and after that he was leaving for health reasons . . . it's the very devil to catch somebody at Gallimard's . . . they're always leaving for a cure or just getting back . . . if they return they are so behind in their correspondence it takes months to get an answer . . . dictate this one, that one . . . soon as they get their envelopes stuffed, stamps licked, they've had it, flat on their back, off to the spa again . . . none of them has any free time, Gaston's whole general staff . . . you don't understand . . . you're asking idiotic questions . . . you who are so idle, good for zilch! a do-nothing writer! . . . a company parasite! . . . you dream along, that's all . . . just dream! . . . reality slips away from you! . . . what was real to Paulhan was his leaving again, on a cruise . . . once more! . . . twice more! . . . I had to find another stooge . . . an interviewer staying in town, not running after his health! . . . found one! . . . found two! . . . then three! . . . ten! . . . who were competent and willing . . . but who all set one condition: they refused to be compromised! . . . I couldn't quote them! they'd accept, but anonymously! . . .

I fully understood such prudence . . . for sure! . . . can't be too prudent! . . . ended up with fifty volunteers! hard choice! . . . since I didn't want to hurt feelings . . . hard put to it! . . . some so windy! . . . others such hair-splitters! . . . I found one who was very hostile . . . all the better . . . surly and distrusting . . . he wouldn't come to my house, wouldn't have me in his, finally decided on a public square . . . we'd pass unnoticed.

"Fine," I tell him . . . "choose anywhere you like."

"The Arts and Trades Square!"[8]

That suits me, the Arts and Trades Square . . . have wonderfully old memories of the place . . . I'll call my interviewer: Professor Y. So here we are on a bench, Professor Y on my right . . . squinting away in all directions he was . . . nervous . . . looking left! right! . . . then behind us! . . . it was eleven o'clock in the morning, our meeting . . . myself, I was there at ten thirty! . . . you could've guessed! . . . arriving real early is the usual tactic for people who smell a rat . . . who want to sniff around a bit . . . have to get there the night before, humans are so depraved . . . well! way it is! tough! . . . here we are . . . I was expecting some questions . . . we had agreed to it . . . no! nothing at all! . . . he

sur le banc là, á côté de moi !... j'aurais fait venir un autre bourru si j'avais su !... j'en manquais pas !... un qu'aurait grogné un petit peu... un hostile absolument muet, comme cet Y, c'est moche !

« Vous êtes joliment peu aimable ! Monsieur le Professeur Y ! » J'y dis.

« On est là pour un interviouwe ! personne va venir vous kidnapper ! ayez pas peur ! comment voulez-vous que je pérore, comment voulez-vous que je « joue le jeu », si vous me posez aucune question ? Pensez à Gaston ! »

Là je le vis sursauter sec ! tressaillir au nom de Gaston ! il cessa de biglouser droite ou gauche...

« Gaston !... Gaston !... »

Qu'il bredouilla... Il avait aussi, comme cent autres, le professeur Y, forcément, comme mille autres, licenciés, agrégés, à lunettes, sans lunettes, un manuscrit « en lecture » à la N. R. F.... presque tous les professeurs ont un petit Goncourt qui marine à la N. R. F... vous me direz : ça s'aperçoit !... c'est plus des romans qu'ils publient, c'est autant de pensums !... pensums sarcastiques, pensums archéologiques, pensums proustiques, pensums sans queues ni têtes, pensums ! pensums Nobéliens... pensums anti-antiracistes ! pensums à petits prix ! à grands prix !... Pensums Pléiade ! Pensums !... Le professeur Y, certainement, avait aussi son petit pensum, qui attendait depuis des années dans les caves de la N. R. F., que Gaston se le fasse monter, qu'il y jette un œil... en fait de « squale » qu'on l'a surnommé, grand dévorateur d'éditeurs, Gaston, qu'est-ce qu'il se tape comme plancton ! Gaston ! oh, il en dépérit pas !... y a qu'à regarder un peu ce qu'il se paye comme automobile !... le vrai engin de squale de « haut luxe »... avec de ces dents de radiateur !... et la formidable carapace luisante, huileuse !... pardagon !... où qu'il se risquait le professeur Y, lui et son pensum !... c'est touchant « l'à manière de » qu'ils besognent tous, les professeurs... ils se copient tous, forcément... ils ont trop fréquenté les classes... c'est leur métier d'être dans les classes... et qu'est-ce qu'on apprend dans les classes ? à se toucher, et puis à se copier... tous les postulants goncourteux se copient tous, c'est inévitable !... ils sont aussi stables, ressemblants, ennuyeux, inévitables, que tous les tableaux queue leu leu de n'importe quel grand Salon... la Médaille d'or ou le Goncourt, l'un barbouillage, l'autre grifouillage, font autant d'heureux !... le professeur Y, là à côté de moi, y pensait vachement pour lui-

sat quiet on the bench, right there beside me! . . . I could have
asked some other curmudgeon, had I known! . . . no lack of
them! . . . one who'd have growled something or other . . . with
this hostile mute, Professor Y, I could see it coming, a lousy
interview.

"Well, you're a sweetheart! Dear Professor Y!"
I tell him.

"We're here for an interview! nobody's going to kidnap you!
Don't worry! but how do you expect me to discourse, to 'play the
game' if you offer no questions! let's be fair to Gaston!"

That gave him a jolt, shook him up a bit, the mention of Gaston's name! he stopped peering all around . . .

"Gaston! . . . Gaston! . . ."

Was what he muttered . . . he too had, as did a hundred other
professors, naturally, a thousand others, masters, doctors, be-
spectacled or not, a manuscript being read at Gallimard . . . almost every professor has his little Goncourt marinating in some
Gallimard pigeonhole . . . you're going to say: that's obvious! . . .
but they don't publish novels any more, it's a punishment to read
them, a chore . . . pensums[9] of sarcasm, archeology, proustiana,
neither head nor tail, pensums! Nobelian, anti-antiracist, cheap
ones, expensive ones! . . . Pléiade editions! Pensums! . . . Professor Y, of course, he had his little pensum too, which had been
waiting for years in the Gallimard catacombs, for Gaston to request it, thumb through . . . as for the latter's surname, "The
Shark," he devoured publishing houses, how he could put away
the plankton! Gaston! oh! he's not wasting away! feast your eyes
on the car he buys himself! . . . a real sharkmobile, super deluxe,
grillwork for teeth! . . . and that terrific, shiny, simonized body!
. . . by Fisher! . . . what risk was he taking, Professor Y, he and
his pensum! . . . it's touching how they all drudge away, those
professors . . . copying each other, of course . . . they've been in
too many classes . . . and what do you learn in class? . . . to play
pocket pool, and to copy each other . . . all those postulant Goncourtiers[10] copy everybody else, naturally! . . . they're a bunch of
unwavering look-alikes, as boring and predictable as the rows of
paintings in any Exhibition . . . a gold medal or a Goncourt
prize, a daubing here, a scribbling there, makes everybody
happy! . . . Professor Y at my side, bleakly dreaming of a gold

même, et pour son merdeux manuscrit, à la Médaille d'or, au
«Goncourt»! d'un petit coup d'œil du Gaston, d'un mot du
Gaston!

«Donc Y, secouez-vous un peu! je vous prie! c'est pour Gaston que nous travaillons!»

J'y dis...

«Si vous m'interviouwez pas... et d'une façon intelligent... ça
va être mimi, votre retour!... vous allez voir le Gaston! s'il va
valser votre Goncourt! et votre «frigidaire»!... et votre voyage
en Italie!... et votre aspirateur «Credo»!... elle va bien rire,
madame Y, qu'elle a un mari si fainéant!»

Je le vois tourner rouge, cramoisi!... je peux dire que je l'ai
réveillé!... il regarde plus à droite... ni à gauche!...

«Al!... alors!... Al!... allons-y! Monsieur!... mais pas de politique surtout!... pas de politique!...

— Ayez pas peur!... oh, aucune crainte! la politique c'est la
colère!... et la colère, professeur Y, est un péché capital! oubliez
pas! celui qu'est en colère déconne! toutes les furies lui foncent
après! le déchirent! c'est Justice!... moi, n'est-ce pas, professeur
Y, on m'y reprendra pas! pour un Empire! jamais!

— Qu'est-ce que vous diriez alors d'un petit débat philosophique?... vous sentez-vous apte?... un débat, mettons, par exemple, sur les mutations du progrès par les transformations du
«soi»?...

— Ah, Monsieur le Professeur Y, je veux bien vous respecter et
tout... mais je vous le déclare: je suis hostile!... j'ai pas d'idées
moi! aucune! et je trouve rien de plus vulgaire, de plus commun, de plus dégoûtant que les idées! les bibliothèques en sont
pleines! et les terrasses des cafés!... tous les impuissants regorgent d'idées!... et les philosophes!... c'est leur industrie les
idées!... ils esbrouffent la jeunesse avec! ils la maquereautent!...
la jeunesse est prête vous le savez à avaler n'importe quoi... à
trouver tout: *formidââââble!* s'ils l'ont commode donc les maquereaux! le temps passionné de la jeunesse passe à bander et à
se gargariser d' «idéaas»!... de philosophies, pour mieux dire!...
oui, de philosophies, Monsieur!... la jeunesse aime l'imposture
comme les jeunes chiens aiment les bouts de bois, soi-disant os,
qu'on leur balance, qu'ils courent après! ils se précipitent, ils
aboyent, ils perdent leur temps, c'est le principal!... aussi, voyez
tous les farceurs pas arrêter de faire joujou avec la jeunesse... de
lui lancer plein de bouts de bois creux, philosophiques... si elle

medal, a Goncourt, for himself and his pompous manuscript, just one glance from Gaston, one word!

"What about it, Y, pull yourself together! do! let's be fair to Gaston!"

I tell him.

"If you don't interview me . . . and intelligently at that . . . my, such a delightful scene! . . . next time you see old Gaston! . . . your Goncourt will hike up its skirts and waltz off! to say nothing of your new Frigidaire! . . . and your trip to Italy! . . . and your Hoover! . . . she'll get a good laugh, Madame Y, to have such a shiftless husband!"

I watch him turn red, crimson! . . . I can tell I woke him up! . . . no more peering to the right . . . nor left! . . .

"Okay! . . . Then! . . . let's go, sir! . . . but no politics, I mean it! . . . no politics! . . ."

"Don't worry! . . . Don't be afraid! politics is anger! . . . and anger, Professor Y, is a mortal sin! Remember! an angry man runs off at the mouth! all the furies charge after him! tear him to shreds! that's Justice! . . . as for me, Professor Y, you know? they won't catch me at it again! not for a kingdom! Never!"

"What do you say about a little philosophical debate? . . . are you up to it? . . . a debate, let us say for example, on the mutations of progress through the transformations of the Self? . . ."

"Oh, my dear Professor Y, I'm willing to respect you and all . . . but I'll tell you flat out: I'm against it! . . . I have no ideas, myself! not a one! there's nothing more vulgar, more common, more disgusting than ideas! libraries are loaded with them! and every sidewalk café! . . . the impotent are bloated with ideas! . . . and philosophers! . . . that's their trade turning out ideas! . . . they dazzle youth with ideas! they play the pimp! . . . and youth is ever ready, as you know, Professor, to gobble up anything, to go *ooh!* and *ah!* by the numbers! how those pimps have an easy job of it! the passionate years of youth are spent getting a hard on and gargling ideeaas! . . . philosophies, if you prefer! . . . yes sir, philosophies! youth loves sham just as young dogs love those sticks, like bones, that we throw and they run after! they race forward, yipping away, wasting their time, that's the main thing! . . . so just look around at all the imposters endlessly playing their games, tossing their little sticks, their empty philosopher

s'époumone, la jeunesse !... et si elle biche !... qu'elle est reconnaissante !... ils savent ce qu'il lui faut, les maquereaux ! des idéâs !... et encore plus d'idéâs ! des synthèses ! et des mutations cérébrales !... au porto ! au porto, toujours ! logistique ! *formidââââble* !... plus que c'est creux, plus la jeunesse avale tout ! bouffe tout ! tout ce qu'elle trouve dans les bouts de bois creux... *idéâs* !... joujoux !... vous vous avez Professeur Y, soit dit sans vouloir vous vexer, la gueule d'être intelligent ! dialecticien, même !... vous fréquentez la jeunesse, forcément ! que vous devez lui bourrer la caisse ! vous en vivez vous, de la jeunesse ! si vous l'adorez la jeunesse !... impatiente, présomptueuse, fainéante... vous devez même être casuistique ! je parie !... plus casuistique qu'Abélard !... à la mode, donc !... »

Je lui dis tout ce que je trouve de méchant !... qu'il ressaute !... hostile pour hostile, qu'il se foute en boule ! que je le claque !... qu'on se boxe si on s'interviouwe pas !... je raconterai le tout à Gaston ! il se marrera !... il m'avancera une brique de mieux !... dettes pour dettes !...

Il réagit ! je l'aurais parié !...

« Et vous alors, qu'est-ce que vous êtes ? »

La première question qu'il me pose !

Ah ! je vais avoir mon interviouwe !

« Je suis qu'un petit inventeur, Monsieur !... un petit inventeur, et je m'en flatte !

— Mazette ! »

Tout ce qu'il me répond... j'insiste...

« Petit inventeur, parfaitement !... et que d'un petit truc !... juste d'un petit truc !... j'envoie pas de messages au monde !... moi ! non, Monsieur ! j'encombre pas l'Éther de mes pensées ! moi ! non, Monsieur ! je me saoule pas de mots, ni de porto, ni des flatteries de la jeunesse !... je cogite pas pour la planète !... je suis qu'un petit inventeur, et que d'un tout petit truc ! qui passera pardi ! comme le reste ! comme le bouton de col à bascule ! je connais mon infime importance ! mais tout plutôt que des *idéâs* !... je laisse les *idéâs* aux camelots ! toutes les *idéâs* !... aux maquereaux, aux confusionnistes !... »

Je l'amuse... il ricane, ma parole ! je vais pas le faire ricaner longtemps !

sticks . . . and youth moaning in ectasy, trembling with delight!
. . . so grateful! . . . the pimps know what it takes! ideeaas, and
still more ideeaas! syntheses! and cerebral mutations! . . . toasted
with port! with port, every time! and symbolic logic! wonnnder-
ful! . . . the hollower they are, the more youth can lap them up,
gorge themselves! everything they find in those hollow little
sticks . . . ideeaas! . . . playthings! . . . now you, Professor Y,
may I say, with no intent to outrage, you've got the beezer of an
intelligent man! a dialectician even! . . . you hang out with
youth, of course! I bet you stuff their little noggins! you live off of
them, don't you, off of youth! how you must adore youth! . . .
their impatience, presumption, idleness! . . . you're probably a
casuist even! am I right? . . . probably can out-casuist Abélard! [11]
. . . so, you're in fashion!"

I'm as nasty as I can be! . . . make him react! . . . hostility for
hostility, watch him bristle! I'll let him have it! . . . if no interview, then a boxing match! . . . I'll tell Gaston everything! he'll
get a honk out of it! . . . he'll advance me another thousand
francs! . . . debts for debts! . . .

He reacts! I would have wagered it! . . .

"What about you, just what are you then?"

The first question he asks!

Aha! I'm going to have my interview!

"Well, I'm just a little inventor, myself, just a little inventor,
and I'm proud of it!"

"You don't say!"

All he answers . . . I keep pushing . . .

"A little inventor, that's it! . . . of a little gimmick! . . . just
a little gimmick that's all! . . . I don't fling out messages to the
world! . . . not me, no sir! I don't clutter up the air with my
thoughts! not me! I don't get high on words, nor on port, nor on
the flattery of youth! . . . I don't cogitate for the universe. I'm just
a little inventor, of a two-bit gimmick at that! and that won't last
long! like everything else! like the swivel-stem collar button! I'm
aware of my paltry importance! anything rather than *ideas*! . . . I
leave *ideas* to the flea merchants! all *ideas*! to the hucksters, the
pimps, the confusion mongers! [12] . . ."

He finds me amusing . . . he's smirking, word of honor! he
won't be smirking long!

« Et vous, dites-moi, qu'est-ce que vous faites ?... vous, Professeur Y ?... Vous êtes pas un époustoufleur ?... vous égarez pas la Jeunesse ?... vous y envoyez pas des « messages » ?... je serais surpris !...

— Vous avez inventé quelque chose ?... qu'est-ce que c'est ? » Il demande.

« L'émotion dans le langage écrit !... le langage écrit était à sec, c'est moi qu'ai redonné l'émotion au langage écrit !... comme je vous le dis !... c'est pas qu'un petit turbin je vous jure !... le truc, la magie, que n'importe quel con à présent peut vous émouvoir « en écrit » !... retrouver l'émotion du « parlé » à travers l'écrit ! c'est pas rien !... c'est infime mais c'est quelque chose !...

— Vous êtes grotesque de prétention !

— Certes ! certes !... et alors ?... les inventeurs sont monstrueux !... tous ! surtout les petits inventeurs ! *L'émotion du langage parlé à travers l'écrit !* Réfléchissez un petit peu, Monsieur le Professeur Y ! faites marcher un peu votre nénette !

— Oui, entendu, mais les Delly ! regardez un peu les Delly !... qui gagnent cent millions par an, sans publicité, ni critiques... est-ce qu'ils recherchent « l'émotion à travers le langage parlé » ? eux ?... balivernes !... et ils vont jamais en prison ! eux ! ils se tiennent très convenablement ! eux !

— Oui, mais y a un secret Delly... vous savez pas lequel ?...

— Non !

— Ils sont plus « chromos » que tous les autres !... pour ça qu'ils se vendent mieux que tous les autres ! les prix Goncourt à côté d'eux existent pas !... qu'est-ce qui gagne dans le monde entier ? Monsieur le Professeur Y ? qu'a la faveur absolue ? des masses et de l'élite ? je vous demande ? aussi bien en U.R.S.S. qu'à Colombus (Ohiohio) qu'à Vancouver du Canada, qu'à Fèz du Maroc, qu'à Trébizonde, qu'à Mexico ?... le « chromo », Professeur Y !... le « chromo » ! rideau de fer, pas fer !... foutre des régimes !... Saint-Sulpice partout ! kif belles-lettres ! musique ! peinture ! la morale et les bonnes manières ! « Chromos » ! Les Delly « chromos » sont les auteurs les plus traduits de toute la langue française... bien plus traduits que les Balzac, Hugo, Maupassant, Anatole, etc... Péguy, Psichari... qu'étaient pourtant eux

"How about you, tell me, what do you do? . . . huh? Professor
Y? . . . More than flabbergast? . . . you don't lead youth astray!
. . . you don't give them any 'messages'? . . . that would surprise
me! . . ."

"You've invented something! . . . what is it?"

He asks.

"Emotion through written language! . . . written language
had run dry in France, I'm the one who primed emotion back
into it! . . . as I say! . . . it's not just some cheap trick, believe me!
. . . the gimmick, the magic that any asshole can use in order to
move you 'in writing!' . . . rediscovering the emotion of the
spoken word through the written word! it's not nothing! . . . it is
miniscule, but it is something! . . ."

"You're so pretentious you're grotesque!"

"Granted! granted! . . . so? inventors are monstrous! . . . the
whole lot! especially the little ones! *The emotion of spoken language through the written form*! Just reflect on that a bit, dear
Professor Y! get your noodle in gear!"

"Yeah, sure, but you take a look at all those books by that
Delly pair [13] earning a hundred million a year, without publicity
or criticism . . . do they go off trying to locate 'emotion through
written language?' those people? . . . nonsense! . . . and they
never end up in prison! not them! they remain very respectable,
they do!"

"Sure, but there's a Delly secret . . . you don't know it? . . ."

"No!"

"They're more 'pop-culture' oriented than all the others! . . .
that's why they sell better than all the others! Goncourt prizes
don't even enter their minds! . . . what makes the most money in
the whole world? huh, Professor Y? finds absolute approval? by
the hoi polloi and the elite? I ask you? as much in the U.S.S.R. as
in Columbus, Ohiohio, or Canada's Vancouver, Morocco's Fez,
or Trabzon, Mexico City? . . . pop stuff, [14] Professor Y! pop stuff!
Iron Curtain or no! whatever damn politics! . . . Saint-Sulpice [15]
everywhere! like belles-lettres! music! painting! morality and
manners! Pop stuff! The Delly 'chromo-makers' are the most
translated writers in the French language . . . much more translated than all the Balzacs, Hugos, Maupassants, Anatole Fran-
ces, [16] etc. . . . Péguy, [17] Psichari [18] . . . who were themselves, got to

aussi, il faut l'avouer... Romain Rolland... vachement « chromo » !... mais qu'existent pas question la fadeur, l'insipidité, la morale, à côté des Sister Brother Delly ! ah, pas du tout !...

— Bon, mais alors ceux qui sont fades, mais qui tirent tout de même pas tant que ça ?... pas tant que les Delly ? qu'est-ce que vous en faites ?... qu'emportent tout de même le Goncourt ?... que vous avez vous, piteusement loupé, vous génial ! et les autres grands prix ?... qu'est-ce que vous en dites ?... qu'ils sont qu'autant de crottes de bique ?...

— Non ! je les estime ! et parfaitement ! mais comme « chromos » !... ils retardent de quatre-vingts ans !... ils écrivent tous comme on peignait au Grand Salon de la Médaille d'Or vers 1862... académiques ou « à côté » !... même anti-académiques !... aucune importance !... il faut de tout !... mais chromos !... chromos anarchistes !... chromos pompiéristes !... chromos sacrististes !... chromos ! »

Je crois qu'il me comprend... mais je l'exaspère... je crois qu'il me boufferait !... Ah, je vais pas le calmer !... oh non !... là là !

« Vous êtes tellement abruti Professeur Y que faut tout vous expliquer !... je vais vous mettre les points sur les *i* ! écoutez bien ce que je vous annonce: les écrivains d'aujourd'hui ne savent pas encore que le cinéma existe !... et que le cinéma a rendu leur façon d'écrire ridicule et inutile... péroreuse et vaine !...

— Comment ? comment ?

— Parce que leurs romans, tous leurs romans gagneraient beaucoup, gagneraient tout, à être repris par un cinéaste... leurs romans ne sont plus que des scénarios, plus ou moins commerciaux, en mal de cinéastes !... le cinéma a pour lui tout ce qui manque à leurs romans: le mouvement, les paysages, le pittoresque, les belles poupées, à poil, sans poil, les Tarzan, les éphèbes, les lions, les jeux du Cirque à s'y méprendre ! les jeux de boudoir à s'en damner ! la psychologie !... les crimes à la veux-tu voilà !... des orgies de voyages ! comme si on y était ! tout ce que ce pauvre peigne-cul d'écrivain peut qu'indiquer !... ahaner plein ses pensums ! qu'il se fait haïr de ses clients !... il est pas de taille ! tout chromo qu'il se rende ! qu'il s'acharne ! il est surclassé mille !... mille fois !

— Que reste-t-il au romancier, alors, selon vous ?

— Toute la masse des débiles mentaux... la masse amorphe... celle qui lit même pas le journal... qui va à peine au cinéma...

admit it! . . . Romain Rolland[19] . . . appallingly pop culturated!
. . . but who are not even in the running when it comes to the
insipid mawkishness, the goody-goody morality of the Sister/
Brother Delly act! oh, not at all! . . ."

"Okay, well, how about those 'sickly' ones that, even so, don't
sell very much! . . . not as much as the Delly books? how do you
explain that? . . . and that win a Goncourt prize anyhow! . . .
the prize you so pitifully bollixed up, genius that you are! and
the other big prizes! . . . what do you have to say about them!
. . . that they're just so many goat turds? . . ."

"Of course not! I respect them! naturally enough! but only as
pop writers! . . . they're eighty years behind the times! . . . they
all write like painters used to think back in the pre-Impressionist
days[20] . . . academics or para-academics! . . . even anti-academ-
ics! . . . it takes all kinds! . . . but in pop! . . . pop anarchists! . . .
pop bombasts! . . . pop ecclesiasts! . . . pop!"

I believe he understands me . . . but I do exasperate him . . .
he's furious at me! . . . Oh, no way I can calm him down! . . . no!
. . . no way at all!

"You're such a dullard, Professor Y, that you need everything
explained! . . . so I'll dot my i's! just listen to what I have to say:
writers today haven't discovered the cinema yet! . . . let alone realized it has made current literary style seem ludicrous, futile . . .
pompous and vain! . . ."

"How's that? How's that again?"

"Because their novels, all their novels, would gain a great deal,
be reborn, if they were picked up by some producer . . . their
novels are like just so many scripts, more or less commercial, in
search of a producer! . . . films enjoy all those things that novels
don't have: movement, landscapes, picturesqueness, Tarzan types,
ephebi, babes in the buff, without the buff, circus acts you'd
swear the real thing! psychology! . . . boudoir revels gogoing to
hell! crimes against virtue,[21] that's the ticket! . . . wild travels! as
if one were right there! things that a petty-ass writer can only
suggest! . . . laboring over his pensums! To earn the hatred of his
readers! . . . he hasn't the stature! even if he turns into pop stuff!
dead set on it! he's out-classed! a thousand times over! . . ."

"What's left for the novelist to do then, as you see it?"

"That whole mass of mentally defective . . . the formless mass
. . . they don't even read the paper . . . hardly hit the movies . . ."

— Celle-là peut lire le roman chromo ?...

— Et comment !... surtout tenez, aux cabinets !... là elle a un moment pensif !... qu'elle est bien forcée d'occuper !...

— Ça fait combien de lecteurs, cette masse ?

— Oh ! 70... 80 p. 100 d'une population normale.

— Dites donc, une sacrée clientèle !... »

Ça le rend rêveur...

« Oui... mais dites, Professeur Y ! attention ! elle est morphinée de la Radio, cette clientèle ! saturée de Radio !... ahurie en plus de débile !... allez voir un peu lui parler de « rendu émotif » !... vous serez reçu !... le « rendu émotif » est lyrique... rien de moins lyrique et émotif que le «lecteur aux cabinets» !... l'auteur lyrique, et j'en suis un, se fout toute la masse à dos, en plus de l'élite !... l'élite a pas le temps d'être lyrique, elle roule, elle bouffe, elle grossit du pot, elle pète, elle rote... et elle repart !... elle lit aussi qu'aux cabinets l'élite, elle comprend aussi que le chromo... en somme le roman lyrique paye pas... voilà l'évidence !... le lyrisme tue l'écrivain, par les nerfs, par les artères, et par l'hostilité de tout le monde... je parle pas au pour, Professeur Y !... très sérieusement !... c'est une fatigue à pas croire le roman « rendu émotif »... l'émotion ne peut être captée et transcrite qu'à travers le langage parlé... le souvenir du langage parlé ! et qu'au prix de patiences infinies ! de toutes petites retranscriptions !... à la bonne vôtre !... le cinéma y arrive pas !... c'est la revanche !... en dépit de tous les battages, des milliards de publicité, des milliers de plus en plus gros plans... de cils qu'ont des un mètre de long !... de soupirs, sourires, sanglots, qu'on peut pas rêver davantage, le cinéma reste tout au toc, mécanique, tout froid... il a que de l'émotion en toc !... il capte pas les ondes émotives... il est infirme de l'émotion... monstre infirme !... la masse non plus est pas émotive !... certes !... je vous l'accorde, Professeur Y... elle aime que la gesticulade ! elle est hystérique la masse !... mais que faiblement émotive ! bien faiblement !... Y a belle lurette qui y aurait plus de guerre, Monsieur le Professeur Y, si la masse était émotive !... plus de boucheries !... c'est pas pour demain !...

« Vous observerez, Professeur Y, que les « moments émus » de

"They're the ones who read the pop stuff? . . ."

"And how! . . . and especially, you know, in the john! . . . that's where they pass a few thoughtful moments! . . . damn well have to! . . ."

"So how many readers that make, all together?"

"Oh 70 . . . 80 percent of an average population."

"Wow, that's a clientele for you! . . ."

It makes him thoughtful . . .

"Yes . . . but listen, Professor Y! careful! They're all drugged on radio, those clients! saturated with radio! . . . dazed as well as defective! . . . jut go try talking to them about the 'emotive yield!' . . . nice welcome you'd get! . . . the 'emotive yield' is lyrical . . . nothing less lyrical or emotive than the reader in his throne room! . . . the lyrical author, and I'm one of them, tosses the whole mass up on his back, along with the elite! . . . the elite haven't time for lyricism, they go their way, wolf their food, fatten their belly, fart, burp . . . and they're off again! . . . they too only read in the john, marble ones, they too only understand pop stuff . . . all in all, the lyric novel kills the writer off, through his nerves, through his arteries and through public hostility . . . I'm not just talking because I love words, Professor Y! . . . very seriously! . . . it is incredibly wearying, to write the 'emotive yield' novel . . . emotion can't be captured and transcribed except through spoken language . . . remembrance of spoken language! and at the cost of infinite patience! of finicking retranscriptions! . . . if that's the way you see it! . . . but cinema doesn't have the reach! . . . the novel's revenge! . . . despite all the ballyhoo, billions on publicity, thousands of bigger and better closeups . . . yard-long eyelashes! . . . sighs, smiles, sobs that even dreams cannot surpass, the cinema remains a fraud, mechanical, cold through and through . . . just canned emotion, phony . . . it doesn't pick up emotive waves . . . its emotion is crippled . . . a crippled monster! . . . the mass isn't emotive either! . . . for sure! . . . I grant you, Professor Y . . . all it likes is to flap its arms! hysterical, the mass is! . . . but barely emotive! hardly at all! . . . Wouldn't have been any more wars, for eons, dear Professor Y, if the mass had been emotive! . . . no more butchery! . . . that's not for tomorrow! . . .

"You will note, Professor Y, that 'emotional moments' of the

la masse tournent rapidement à l'hystérie ! à la sauvagerie, au pillage, à l'assassinat instantanément, pour mieux dire ! la pente humaine est carnassière...

— Vous fûtes donc persécuté par les ennemis de votre style ?... si je comprends bien... ou les jaloux de votre style ?...

— Oui, Monsieur le Professeur Y !... ils m'attendaient tous au tournant !... je me suis donné pour ainsi dire !...

— Et vous êtes l'inventeur d'un style ?... vous le prétendez ? vous le maintenez ?

— Oui, Monsieur le professeur Y !... d'une toute petite invention... pratique !... comme le bouton de col à bascule... comme le pignon double pour vélo...

— Vous vous minimisez d'un coup !

— Oh non !... rien de plus !... rien de moins ! y a jamais de grandes inventions ! d'abord ! et d'une ! jamais que des petites ! Professeur Y ! la nature ne donne, croyez-moi, que très rarissimement la faculté inventive à un homme... et encore alors elle se montre foutrement chiche !... tous ceux qui s'en vont bêlant, qu'ils se sentent tout bourrés d'inventions sont autant de sacrédiés farceurs !... aliénés ou pas !... vous remarquerez qu'en fait d'invention, pour parler que d'un géant de l'espèce, Lavoisier a simplement mis des chiffres sur quantités de corps naturels qu'on connaissait bien avant lui !... Pasteur pour son compte n'a fait que donner des noms à tout ce qu'il voyait de plus petit sous sa lunette !... la belle histoire !

— Oui ! mais dans le monde des Arts rien ne se passe strictement ! la preuve: votre trouvaille émotive !... trouvaille ?... que vous dites !...

— Oh, Monsieur le Professeur Y, les exposants et les « médailles d'or » du Grand Salon de 1862 étaient pas non plus convaincus des mérites des Impressionnistes ! et le public alors! d'un sceptique! le public a jamais pensé, pour son compte, qu'à les pendre ! les Impressionnistes ! et si l'empereur Napoléon était pas intervenu, ils y passaient !

— Vous avez l'air Monsieur Céline d'en connaître un fameux bout ! Alors, technique pour technique, expliquez-moi voir un petit peu, pourquoi les Impressionnistes se sont révélés tout d'un coup ? pourquoi ils ont cessé de peindre tout d'un coup, en « jour d'atelier » ?

— Parce qu'ils avaient vu des photos !... qu'on venait de découvrir la photo !... les Impressionnistes ont très justement réagi

mass quickly turn to hysteria! to savagery, pillaging, instant assassination, to put it better! man's path is strewn with blood and
bone."

"Then you were persecuted by those hating your style! . . . if I
understand you correctly . . . or those jealous of your style? . . ."

"That's it, dear Professor Y! . . . at every twist in the road,
ready to ambush me! . . . I set myself up, as it were! . . ."

"And you've invented a style? . . . that's what you claim?
maintain?"

"Yes, dear Professor Y! . . . a very small invention . . . practical
. . . like the swivel-stem collar button . . . like the sprocket on a
bike . . ."

"You are being modest all of a sudden!"

"Oh, no! . . . nothing more! . . . nothing less! there never are
big inventions! right off! like that! always little ones! Professor Y!
nature hands out, believe me, on rare occasions only, the faculty
of invention to a man . . . and even then she's tightfisted as hell!
. . . all those who go around bleating about their inventive streak
are a bunch of damn four-flushers! . . , off their rockers or on!
. . . as for inventors, you will notice, to mention but one giant of
the species, Lavoisier, who simply set numbers to quantities of
natural bodies that were well-known before he appeared! . . . As
for Pasteur, he just assigned names to every tiny thing he could
see under his lens! . . . big deal!"

"Yes, but strictly speaking in the world of the Arts nothing
really does happen! the proof: your emotive discovery! . . . discovery? . . . so you claim! . . ."

"Oh, dear Professor Y, the exhibitors and gold medalists in the
Grand Salon [22] of 1862 weren't all that sure about the worth of
the Impressionists! and the public, great grief! skeptical! the
public, for its part, thought only of lynching them! those Impressionists! and if Emperor Napoleon had not interceded, they
would have done so!"

"You give the impression, Mr. Céline of being on top of the
subject! So, technique for technique, do please explain to me
why the Impressionists went public all at once! why they suddenly stopped painting under 'studio light?'"

"Because they had seen photographs! The photo had just been
discovered! . . . the Impressionists simply reacted in proper fash-

devant la Photo !... ils ont pas cherché à concurrencer la photo !...
pas si stupides ! ils se sont cherché un petit condé... ils ont inventé un petit truc ! que la photo pourrait pas leur secouer !... pas
tant le « plein air », comme on prétend !... pas si cons !... mais le
« rendu » du plein air !... là, vraiment ils risquaient plus rien !... la
photo est pas émotive... jamais !... elle est figée, elle est frigide...
comme le cinéma... avec le temps elle tourne grotesque... comme
le cinéma forcément, que grotesque !... elle peut que ça !...

— N'empêche n'est-ce pas que votre Van Gogh n'a jamais pu
vendre une seule toile ! »

De colère il me donnait Van Gogh !

« Oui mais regardez à présent si il est estimé Van Gogh !... plus
que les lingots !... si ils font des feux aux enchères les tableaux
qu'il pouvait pas vendre !...

— Oui, mais il est mort votre Van Gogh dans des conditions
bien honteuses !

— Mais les Galeries se sont régalées, et les amateurs ! culbutes
en cascades !... c'est mieux que du « Suez », du Van Gogh !... vous
trouverez pas de meilleur placement !... que lui soit mort de
folie, c'est publicitaire !... et alors ? y a guère que deux espèces
d'hommes, où que ce soit, dans quoi que ce soit, les travailleurs et
les maquereaux... c'est tout l'un, tout l'autre !... et les inventeurs
sont les pires espèces de « boulots » !... damnés !... l'écrivain qui
se met pas brochet, tranquillement plagiaire, qui chromote pas,
est un homme perdu !... il a la haine du monde entier !... on attend de lui qu'une seule chose, qu'il crève pour lui secouer tous
ses trucs !... le plagiaire, le frauduleux, au contraire, rassure le
monde... il est jamais si fier que ça le plagiaire !... il dépend entièrement du monde... on peut lui rappeler, pour un oui ou un
non qu'il est jamais qu'un jean-foutre... vous saisissez ?... je peux
pas vous dire, moi, en personne, combien de fois on m'a copié,
transcrit, carambouillé !... un beurre !... un beurre !... et fatale-
ment, bien entendu, par les pires qui me calomniaient, har-
celaient les bourreaux qu'ils me pendent !... ça va de soi !... et
depuis que le monde est monde !...

— Alors c'est un vilain monde ? selon vous ?

— C'est-à-dire qu'il est sadique, réactionnaire, en plus de
tricheur et gogo... il va au faux, naturellement... il aime que le

ion to the Photo! . . . they didn't try to compete with the photo-
graph! . . . not so dumb! they tried working out some new technique . . . they invented their little gimmick! that photography
would not be able to move in on! . . . not so much the 'open air'
as people claim! . . . not such assholes! . . . but what the open air
could yield! . . . that way, really, no more risks! . . . the photo's
not emotive . . . never! . . . it's fixed, it's frozen . . . like the cinema . . . and in time it becomes grotesque . . . like the cinema, of
course, just grotesque! . . . 's all it can! . . ."

"Nonetheless true that Van Gogh, you know, never sold a
single canvas!"

In his anger he was throwing Van Gogh up at me!

"Sure, but check out how esteemed he is now, . . . Van Gogh
. . . more than gold ingots! . . . watch how they catch fire at the
auction block, those paintings he couldn't sell! . . ."

"Yes, but your Van Gogh, he died in quite shameful cir-
cumstances!"

"But the Galleries did well for themselves and art lovers!
double your money, in cascades! . . . better than Suez stock, Van
Gogh! . . . no better investment! . . . for him to die insane, what
a bonanza! . . . and so? man hardly comes in more than two vari-
eties, wherever he is, whatever he does: workers and pimps . . .
they're either one or the other! . . . and inventors, the worst kind
of jobholder! . . . they stand condemned! . . . the writer who
doesn't just pimp along, peacefully plagiarizing, who doesn't
pump out the pop stuff, he's had it! . . . everybody hates him! . . .
only one thing they want from him, that he croak, so they can
take over his little bag of tricks! . . . the plagiarist, the pirate, on
the other hand, reassures the public . . . the plagiarist, he's not so
proud! . . . he depends entirely on the public . . . we might re-
mind him at any time that he's only a good-for-nothing . . . you
get the drift! . . . can't tell you myself, in person, how many times
I've been copied, transcribed, plagiarized! . . . easy money! . . .
easy money! . . . and inevitably, of course, by those who slan-
dered me the most, hassled the executioners to string me up! . . .
way it is! . . . ever since the world has been a world! . . ."

"So it's a wretched world? that what you think?"

"Let's just say man's world is sadistic, reactionary, as well as
dishonest, credulous . . . man goes for the phony, he likes only

faux !... les étiquettes, les partis, les latitudes y changent rien !...
il lui faut son faux, son chromo, en tout, partout !... s'il s'occupe
de Van Gogh maintenant, c'est pour la valeur qu'il a pris et parce
que le « dur » baisse ! Les écrivains n'est-ce pas, leurs livres prennent pas de « valeur » en vieillissant !... les écrivains je vous le ra-
contais, ont pas réagi devant le cinéma... ils ont fait mine de gens
convenables qui devaient pas s'apercevoir... comme si n'est-ce pas
dans un salon, une jeune fille avait loufé... ils ont enchaîné, mine
de rien, tartiné de plus belle !... ils ont redoublé de « beau style »...
de « périodes »... de phrases « bien filées »... selon la même vieille
recette qu'ils tenaient des Jésuites... amalgamée d'Anatole France,
de Voltaire, de René, de Bourget... ils y ont seulement ajouté un
peu beaucoup de pédérastie... des kilos de ficelles policières...
pour se rendre « Gidiens-comme-il-faut », « Freudiens-comme-il-
faut », « indics-comme-il-faut »... mais toujours en « chromos »
tout ça !... n'est-ce pas ?... que des innovations conformistes !...
« engagés » bien sûr ! et comment !... et jusqu'au scrotum !... à
trois, quatre, cinq, six Partis, absolument surprenants !... mais
pas sortant du « chromo », du tonnerre de Dieu Saint-Sulpice !...
jamais !... fidèles ! « la formule » !

« N'importe qui du lycée vous bâcle un Goncourt en six mois !
un bon passé politique, un bon éditeur, et deux, trois grands-
mères, un peu partout en Europe, et c'est enlevé !

— Vous rabâchez Monsieur Céline !

— Oh, pas assez ! jamais assez ! la preuve: vous avez rien
compris !... faut que vous appreniez tout par cœur !... faites pas
le malin !... vous êtes obtus !... vous avez pas du tout compris l'essentiel de ce que je vous ai dit !... ânonné !... répétez un peu !...
avec moi !... L'émotion ne se retrouve, et avec énormément de
peine, que dans le « parlé »... l'émotion ne se laisse capter que
dans le « parlé »... et reproduire à travers l'écrit, qu'au prix de
peines, de mille patiences, qu'un con comme vous soupçonne
même pas !... c'est net, hein ? c'est net ?... je vous expliquerai le
truc plus tard ! déjà maintenant retenez au moins que l'émotion
est chichiteuse, fuyeuse, qu'elle est d'essence: évanescente !... il
n'est que de se mesurer avec, pour demander très vite: pardon !...
oui ! oui !... pardon ! la rattrape pas qui veut la garce !... que

the phony! . . . labels, parties, latitudes don't change that fact one whit! . . . he has to have his phony stuff, his pop stuff, in everything, everywhere! . . . if Van Gogh is the rage these days, it's because he's a good investment when inflation comes around! Writers, you see, their books don't appreciate as they age! . . . writers, I was telling you, didn't react to cinema . . . they put on an air of proper folk who weren't supposed to notice . . . as if, you know, in a drawing room a young woman had let one rip . . . they kept right on, didn't bat an eye, poured out the prose, even more! . . . redoubled their 'fine style' . . . with its 'symmetry' . . . it's 'artfully woven' sentences . . . following the same old recipe handed down by the Jesuits, an amalgam of Anatole France, Voltaire, René[23] and Bourget[24] . . . all they've done is added a heavy touch of the faggot, several pounds of chicanery and guile in order to be suitably gay,[25] suitably Freudian, suitably fink . . . but always in pop, the whole bit! . . . right? . . . innovations within conformity! . . . commitment? of course, for sure! . . . right up to your scrotum! . . . in three, four, five, six different directions at once, quite astounding! . . . but never abandoning the pop stuff, the thundering God of Saint-Sulpice! . . . never! . . . faithful! 'the formula!'"

"Anyone with a high school diploma can toss a Goncourt prize-winner together in six months! a good political record, a good publisher, and two, three grandmothers scattered around Europe, and he's on his way!"

"You're rechewing your cabbage, Mr. Céline!"

"Oh, not enough! never enough! the proof: you've understood nothing! you've got to learn it all by heart! . . . don't try to be smart! . . . you're so obtuse! . . . you haven't understood the main point of what I said! . . . hashed over! . . . repeat now . . . after me! . . . Emotion is only found, and at that with great difficulty, in the spoken word . . . emotion can be tapped only in the spoken language . . . and reproduced through the written form only by hard labor, endless patience such as an asshole of your sort could not even suspect! . . . that's clear, huh? clear enough! . . . I'll explain my gimmick later on! for the time being, just remember that emotion is a fickle, slippery, will-o'-the-wisp: evanescent! . . . try wrestling it to the ground, you'll soon say: uncle! . . . that's right! . . . uncle! pin it down on paper, no sir, it's a son

non !... des années de tapin acharné, bien austère, bien monacal, pour rattraper et de la veine ! un petit bout d'émotion vibrée ! grand comme ça !... c'est un peu précieux l'émotion, monsieur le professeur Y !... je vous le répète !... plus précieux autrement que le cœur ! d'ailleurs pas du tout le même travail ! Corinne travaillait la belle âme !... le cœur ! ça se met en période « la belle âme », comme les règles... c'est du cul la « belle âme », n'est-ce pas ? affaire de cul ! l'émotion vient du trognon de l'être, pas tant des burnes, ni des ovaires... le travail sur l'émotion vous met l'artisan à l'épreuve, qu'il lui reste plus beaucoup à vivre... si ils s'en gourrent les goncourtiens ! et tous les chromistes, petits et gros ! et les grands rentiers de l'anarchie ! si ils se gardent tous de l'émotion comme de chier au lit !... Quand la « façon émotive » sera devenue « public »... c'est fatal !... que l'académie sera pleine de « grisby »... ça sera la fin de l'« émotion »... tous les travailleurs du « chromo » vous feront des « portraits émotifs » à 100 louis le point !... dans cent ans mettons ! ils auront tous réfléchi... pour moi c'est tout réfléchi !... je suis étiqueté « attentateur », violeur de la langue française, voyou même pas pédéraste, même pas repris de droit commun, depuis 1932 !... tous les libraires vous le diront, ils aimeraient mieux fermer boutique que d'avoir, même en réserve, un seul exemplaire du « Voyage » ! et depuis 1932 j'ai encore aggravé mon cas, je suis devenu, en plus de violeur, traître, génocide, homme des neiges... l'homme dont il ne faut même pas parler !... oh, mais qu'on peut bien dépouiller ! et comment ! à zéro ! De quoi il se plaindrait nib de nib ?... il existe pas cet infâme ! et il a jamais existé !... on a assassiné Denoël, Esplanade des Invalides, parce qu'il avait trop édité... eh bien moi je suis mort avec !... en principe !... on m'a hérité, c'est normal !... pillé tous les sens !... c'est pas naturel ? vous trouverez tant que vous voudrez des assassins joliment fiers... je vous note, là, je vous note... c'est drôle ! mais pas beaucoup des voleurs crâneurs... le voleur est plutôt honteux... l'assassinat est glorieux, pas le vol... combien on m'a passé d'articles où des assassins se morfondaient de m'avoir loupé... à une minute !... (vous savez, dans le style « Mémorial »)... ils sont Napoléon en diable, les assassins qui se souviennent... ce qu'ils ont pu louper de Bernadottes, de ducs

of a bitch! . . . takes years of bitter struggle, austere, monkish, to
pin it down—and a dose of luck besides! a little sliver of shim-
mering emotion! just so big! . . . pretty precious, emotion is,
dear Professor Y! . . . and I repeat! . . . more precious in its way
than the heart! and not at all the same job! Corinne[26] cultivated
her 'great soul!' . . . her heart! it has its periods and rhythms too,
a 'great soul' does, like the curse . . . that's bullshit, that 'great
soul,' isn't it! question of ass! emotion rises from the core of one's
being, not so much from the balls or ovaries . . . portray emotion, really puts an artist to the test, so much so he doesn't have
much emotion left to live on . . . they're way off base, those Goncourtiers, all those pop culture types, large and small! and the
big investors in anarchy! they steer clear of emotion, all of them,
they'd rather foul their bed! . . . When the 'emotive process' becomes public knowledge . . . and it will! . . . and the Academy
starts running on lucre . . . goodbye emotion . . . all the pop
stuffers will dash off 'emotive vignettes' for you, 2000 francs a
line! . . . let's say in a hundred years! . . . they all have had time
to reflect . . . I have too! . . . they've labeled me an 'assassin,' vio-
lator of the French language, hoodlum, not even a fag, not even
condemned by the court since 1932! . . . all the booksellers will
tell you, they'd prefer closing their shop to having, even in stor-
age, a single copy of *Journey*! and since 1932 I have further ag-
gravated my case; I have become, besides a rapist, traitor, geno-
cide, abominable snow man . . . the unmentionable man! . . . yet
who can be stripped of his possessions! and how! stripped bare!
What's he complaining about, that zilch! that wretch, doesn't
even exist! never did exist! . . . they assassinated Denoël,[27] Esplanade des Invalides, for having published too much . . . well, I
died with him! . . . in principle! . . . they inherited me, normal
enough! . . . robbed me blind! . . . natural enough, right? you'll
find all assassins wondrously proud . . . just pointing it out to
you, pointing it out . . . it's funny! but not many thieves swagger
. . . the thief tends toward shame . . . assassination is glorious,
not so theft . . . how many articles got passed on to me about my
would-be assassins kicking themselves in the ass because they
missed the chance . . . the one moment! (you know, in Napo-
leonic style) . . . they're like Napoleon,[28] only satanic, those
assassins who recall . . . how many Bernadottes, Dukes of En-

d'Enghien !... mais les voleurs, quelle discrétion !... rarement un Thénardier se targue ! ça serait pourtant savoureux le type qu'écrirait: « Je vous ai volé ceci... cela... et j'ai revendu le tout, tant ! »

— Vous, en tous cas, du moins je trouve, vous êtes d'une vanité de paon !

— Allez ! Montrez-vous insolent !... eh, bien, professeur Y, je vais vous fixer une fois pour toutes: les opinions des hommes comptent pas ! dissertations ! bulles ! putanat !... pouah ! seulement la chose en soi qui compte ! l'objet ! vous m'entendez ? l'objet ! il est réussi ? il l'est pas ?... flûte ! zut ! du reste ! académisme !... mondanités !

— Mais bigre ! bougre ! vous êtes en pleine dialectique !

— Y a pas de bigre et de bougre !... pas du tout ! pas du tout ! pas de dialectique ! c'est dans le métro que ça m'est venu ! y a pas de dialectique dans le métro !

— Vous vous moquez de moi ?

— Je me moque pas de vous, professeur Y ! mais pour la question d'interviouve... puisqu'il faut vous parler franchement... j'attendais autre chose de votre part !

— Qu'est-ce-qu'il vous faut ?

— Entretenons-nous de quelque chose d'actuel... qui nous intéresse tous les deux !

— Parlez-moi de M. Gallimard... Est-il avare comme on le prétend ? »

Je trouve la question indiscrète.

« Vous pensez à notre interviouve ?... il le payera pas le prix, soyez sûr !... les gens riches payent jamais le prix !... avec eux c'est tout l'un tout l'autre, ou bien ils se font gruger à blanc ou bien ils vous pillent !... tout l'un tout l'autre ! ils sont monstres !... monstres de nature ! ils vous font écarteler pour une dette de vingt-cinq centimes, mais la dernière petite morue leur secoue des millions sans mal !... ils jouissent d'être volés !... remarquez !... ils jouissent selon leur boussole folle !... ils godent qu'on les saigne !

— C'est triste !

— La boussole folle ? la loi des monstres ? vous saviez pas ?

— Non !

— Parlons d'autre chose ! ... revenons à notre sujet: le style !... nous étions au style, professeur Y ! je vous faisais comprendre... j'essayais de vous faire comprendre que l'inventeur d'un style

ghien[29] they managed to miss! . . . but thieves, discretion itself!
. . . it's a rare Thénardier[30] who boasts! it would be fairly enjoy-
able, the guy who'd write: 'I stole this . . . that . . . from you and
resold everything, for so much!"

"You, anyway, at least in my judgment, you are as vain as a
peacock!"

"Go on! Show your insolence! . . . well, Professor Y, I'm going
to set you straight once and for all: men's opinions don't count!
dissertations! decrees! froth, gibberish! . . . yecch! the thing itself, that's what counts! the object, you know what I mean? the
object! it works or it doesn't . . . tough! stuff! the rest, academics, social pother."

"Why, holy moly! you're afloat in dialectics!"

"No holy moly here! not at all! no way! no dialectics! all that
came to me in the metro! there's no dialectics in the metro!"

"You pulling my leg?"

"I'm not pulling anyone's leg, Professor Y! but as for the interview, since I must speak frankly . . . I was expecting something
else from you!"

"What do you need?"

"Let's talk about something current . . . that interests us both!"

"Tell me about Mr. Gallimard . . . Is he as miserly as they
claim?"

I find the question indiscreet.

"Are you thinking about our interview? . . . you can be sure he
won't pay the price! . . . rich people never do! . . . with them it's
all white or all black, either they get taken to the cleaners or they
take you for all you're worth! . . . one or the other! . . . they are
monsters! . . . monsters by nature . . . they'll have you quartered
for a three-penny debt, but the least little hooker can shake them
down, easy, for millions! . . . they enjoy being ripped off! . . .
note well! . . . they enjoy according to their own mad fancy! . . .
they get their kicks out of being bled!"

"That's sad."

"Their mad fancy? The monsters' law? You didn't know?"

"No!"

"Let's talk about something else! . . . let's get back to our subject: style! . . . we were on the subject of style, Professor Y . . . I
was explaining . . . trying to make you understand that the in-

nouveau est que l'inventeur d'une technique ! d'une petite technique !... la petite technique fait-elle ses preuves ? elle les fait pas ? c'est tout ! tout est là !... c'est net !... mon truc à moi, c'est *l'émotif !* le style « rendu émotif » vaut-il ? fonctionne-t-il ?... je dis: oui !... cent écrivains l'ont copié, le copient, le trafiquent, démarquent, maquillent, goupillent !... tant et si bien, qu'à force... qu'à force !... mon truc passera bientôt « chromo » !... Oui, monsieur le professeur ! vous verrez ! vous verrez ! comme si j'y étais !... chromo !... je vous donne pas trente... quarante ans !... avant que l'Académie s'y mette ! s'en bâfre !... un !... deux !... trois quatre coups de Dictionnaire !... et qu'elle reçoive plus qu'en « émotif » et que des « émotifs » !... *sic transit !*... le sort de toutes les inventions !... les petites ou les grandes !... pillages, contrefaçons, grugeries, singeries, hargnes, pendant cinquante ans... et puis youst !... tout bascule au domaine public ! la farce est jouée !... l'inventeur lui, crouni depuis belle ! est-ce qu'il a même existé ?... on se demande ?... on en doute... fut-il ce gros blond joufflu, de certaines photos ? ou ce petit maigre boiteux, qu'on a prétendu ?... Certains croient savoir qu'il était fouetteur des dames, tortureur de chats le gros blond joufflu des photos !... mais que le petit maigre boiteux raffolait, lui, des croûtons de pain trempés en certains endroits... et qu'il était plutôt mormon de convictions !... tandis que le gros blond... (était-ce lui ?) passait ses dimanches à sauver des coccinelles... et les libellules qui se noyaient... que c'était sa seule distraction... on dit !... on dit !... qu'est-ce que ça vient foutre ?... je vous demande ? la petite invention seule, qui compte !... kif !... kif en sport !... remarquez ! le crawl ?... la brasse ?... tous les records tombent !... le crawl a gagné !... la petite invention du crawl !

— Bon ! Bon ! je vous écoute... mais c'est pas très intéressant !...

— Ah que vous trouvez ! ah, vous trouvez ! mais rien est très intéressant, monsieur le professeur Y ! notez ceci ! prenez quelques notes !

— Quelles notes ?

— Allez-y !... que sans les guerres, l'alcool, l'artérielle tension et le cancer, les hommes de notre athée Europe périraient d'ennui !

ventor of a new style is but the inventor of a technique! some little technique! . . . does it prove worthwhile? or not! that is the question! . . . clearly! . . . my little gimmick, my own, is emotion! is it any good? style with an emotive yield? does it work? . . . I say it does! . . . a hundred writers have tried to copy it, still trying, to make a buck out of it, plagiarize it, fake it, pastiche it! . . . so much so, you'll see, by dint! . . . won't be long! . . . my gimmick will become pop literature itself! Yes, dear Professor! you'll see! just watch! . . . as though I were there now . . . pop stuff! . . . maybe thirty . . . forty years! . . . until the Academy sticks its nose into it! lapping it up! . . . one! . . . two! . . . three four belts with a Dictionary! . . . then the members will only accept things written in 'emotive,' nothing but 'emotive pieces'! . . . *sic transit*! the fate of all inventions . . . big or little! . . . looting, counterfeiting, cheating, imitation, acrimony for fifty years . . . and then! alley oop! . . . it all tilts into the public domain! the joke is ended! . . . the inventor himself defunct for ages! did he even exist? one wonders? . . . or doubts . . . was he that big-jowled blond, in certain photos? or that emaciated little cripple, as they claimed? . . . Some feel sure he was a woman beater, a cat torturer, that big-jowled blond in the photos! . . . but that the emaciated little cripple was wild about bread crusts dunked in certain public places . . . and that he was a Mormon by conviction! . . . whereas the heavyset blond . . . (was he the one?) spent his Sundays rescuing ladybugs . . . saving dragonflies about to drown . . . 'cause it was his only distraction . . . people say! . . . people say! . . . what in hell does all that amount to! . . . I ask you? one little invention all by itself, that matters! . . . same! . . . same in sports! . . . example! the crawl? . . . breaststroke! . . . all the records fall! . . . the crawl wins out! . . . the little invention of the crawl!"

"Fine! Fine! I'm listening . . . but it's not very interesting! . . .

"Oh, that's what you think! that's what you think! but nothing is very interesting, dear Professor Y! jot this down! take some notes!"

"What notes?"

"Just write! . . . that if it weren't for wars, alcohol, blood pressure and cancer, the people in our atheistic Europe would soon be bored to death of life!"

— Et ailleurs ?

— En Afrique, ils ont le paludisme, en Amérique l'hystérie, en Asie ils ont tous faim... en Russie, ils sont obsédés ! l'ennui peut pas avoir de prises sur tous ces inquiets !...

— Diable ! Diable !

— Vous vous moquez !... j'essaye de vous intéresser ! je fais le clown !... on est là pour une interviouve ? Non ?... flûte ? zut ?

— Que pensez-vous d'Aristophane ?

— Aristophane, c'était quelqu'un !

— Qu'a-t-il inventé, selon vous ?

— La foudre! les nuées!... la rhétorique!

— Vous admettez que dans l'interviouve je vous dépeigne nettement maniaque ? obsédé par les petits trucs ?

— Mais voyons donc !... mais allez-y !... vous en boufferiez de mes « petits trucs » s'ils vous étaient « publicités » convenablement ! massivement !... oui ! je vous en ferais goinfrer de mes « petits trucs »... à mort !... de mes boutons de col à bascule ! de ma mort-aux-rats !... de mes triples pignons de vélos ! tout ça ! de tout ça ! si tout ça vous était présenté « américainement » ! « néon » !

— Je voudrais voir !...

— C'est tout vu !... toutes les bourdes sont avalées... empiffrées... redemandées !... du moment qu'elles sont bien poussées !... effrontément !... massivement !... Voltaire l'a dit !...

— Ah ?... Voltaire ?

— Oui ! Voltaire !... et nous sommes en plein dans l'esprit !... l'esprit du culot atomique !... nous y sommes !

— Comment ?

— Toscanini efface Beethoven ! mieux ! il est Beethoven ! il prête son génie à Beethoven !... vingt cabotins recréent Molière !... ils le *retranscriptent !* Mlle Pustine joue Jeanne d'Arc... non ! elle est Jeanne d'Arc !... Jeanne d'Arc a jamais existé !... le rôle existait, voilà ! le rôle attendait Pustine!... c'est tout !...

— Vraiment ?

— Oui vraiment !... retenez professeur Y ce que je vous dis... et je le pense !... les carottes sont cuites !

— Bast ! Bast !

— Y a pas de bast !... le faux triomphe ! la publicité traque,

"And elsewhere?"

"In Africa they have their malaria, in America tension, in Asia they're all starving, in Russia obsessed! Boredom can't get a hold on all those anxious people! . . ."

"Damnation!"

"You're making fun! . . . I try to get your interest up! I play the clown! . . . we are here for an interview? No? . . . goldarn?"

"What do you think of Aristophanes?"

"Aristophanes, now he was somebody!"

"What do you think he invented?"

"Thunder! clouds! . . . rhetoric!"

"You allow me to depict you in this interview as a maniac? obsessed with his little gimmicks?"

"Oh, tut! tut! . . . but go ahead! . . . you'd swallow my 'little gimmicks' if they were suitably 'publicized!' massively! . . . yeah! I'd get you to gulp them down, those 'little gimmicks' of mine! . . . till you dropped dead! . . . and those little swivel-stem collar buttons I mentioned! or my newfangled rat poison! . . . or my rack-and-pinion bike sprocket! all that stuff! all that! if it were all presented 'American-style'! with neon lights!"

"That I'd like to see! . . ."

"It's all been seen! . . . Any flimflam is swallowed . . . stuffed down . . . reordered . . . as soon as it's really pushed, shamelessly! . . . massively! . . . Voltaire said so! . . ."

"Ah? . . . Voltaire?"

"Yes! Voltaire! and we're up to our necks in that mindset! . . . the spirit of atomic effrontery! . . . that's where we are!"

"How's that again?"

"Toscanini eclipses Beethoven! better yet! he is Beethoven! He lends his genius to Beethoven! . . . twenty ham actors recreate Molière! . . . they retranscript him! Mademoiselle Pustine[31] plays Joan of Arc . . . no! she is Joan of Arc! . . . Joan of Arc never existed! . . . the role existed, that's all! the role was waiting for Pustine! . . . that's all there is to it! . . ."

"Really?"

"Yes, really! . . . bear in mind, Professor Y, what I'm telling you . . . and I believe it! . . . our goose is cooked!"

"Knock it off! knock it off!"

"No way to knock if off! . . . Victory belongs to the phony.

truque, persécute tout ce qui n'est pas faux !... le goût de l'authentique est perdu !... j'insiste ! j'insiste ! observez !... regardez autour de vous !... vous avez quelques relations ?... des gens capables... je dis capables : qu'ont la fortune ! qui peuvent s'acheter femmes, tableaux, bibelots !... eh bien, vous les verrez toujours invinciblement, ces gens capables, se ruer sur le faux ! comme le cochon pique à la truffe... Kif, le prolo, remarquez !... lui, c'est l'imitation du faux !... il se paye l'imitation du faux !... le chromo « retouché » !... Tenez, supposez professeur Y, sans vous parler politique, que vous vous trouviez un beau jour dans le mauvais cas d'être épuré ? « épuré », n'est-ce pas, avant tout, ça veut dire : volé !... qu'est-ce qu'on vous volera d'abord ? sur quoi se jetteront vos épurateurs ? d'abord ? au premier saccage de votre cher foyer ? mais sur toute votre saloperie, pardi ! tout ce qu'est à peine montrable chez vous !... vos bonnes choses on vous les brûlera !... on m'a brûlé sept manuscrits, moi !... sept manuscrits ! l'instinct populaire sera passé !... il passera bien chez vous aussi ! je sais ce que je cause !... les pilleurs ont des goûts de cochons !

— Vous rabâchez !

— Mettons !... mettons !... mais vous en êtes à combien de lignes ? dites-moi ? »

Il compte... ça fait pas bézef !... il recompte... pour un intervio uve faut cent pages !... au moins !... au moins !

« Un peu de verve, professeur Y ! je vous prie !... émoustillez-vous ! »

Si je le secoue pas, il va s'endormir ! parole !

« Professeur Y, vous êtes ramolli !

— Non ! Non !

— Si ! Si ! un véritable clancul !

— Vous m'insultez !

— Bien sûr ! Bien sûr ! vous le méritez ! vous voulez pas voir ce qui se passe !... ou peut-être vous faites l'innocent ?... que vous êtes complice bel et bien ? parfaitement dans le coup ? peut-être ?... qu'un cynique ? hein ? un roué ?

— Parlez toujours !

— Combien de lignes ? »

Il compte.

« Ça fait toujours pas chouïa !... parlons ! parlons ! Je vous

Ad men hunt down, stamp out, persecute anything, unless it's
phony! . . . the taste for the authentic becomes lost. That I insist
on! just look around! got any good contacts? . . . important
people . . . by important I mean wealthy! the ones who can af-
ford women, paintings, gadgets! . . . just watch them, these important people, they're always, unfailingly, grabbing for what's
phony. Like the hog grubbing up his truffles . . . Just like the
masses, of course, only they go for imitation phony! . . . touched-
up kitsch! Listen, just suppose, Professor Y, while avoiding politics, you happened to find yourself, one fine day, in the unhappy
situation of being 'purged,'[32] which means, above all, as you
know, being robbed! . . . if some 'purgers' break into your house,
what's the first thing they go for? the first round of looting your
precious home? for your junk, things hardly worth looking at,
that's what! If it is worth something, they burn it! . . . they
burned up seven manuscripts on me, seven manuscripts! . . . the
people's will be done! . . . and it'll be done in your home as well!
I know what I'm saying! Looters have the taste of swine."
    "You're repeating yourself."
    "Fine! . . . I admit it! . . . but how many lines do you have
now? Tell me!"
    He tots them up . . . there's not much! . . . he counts again . . .
an interview takes at least a hundred pages! . . . at least! . . . at
least! . . .
    "How about some pizzazz, Professor Y! . . . a little sparkle . . .
please!"
    If I don't shake him up, he'll fall asleep! believe me!
    "Professor Y, you're soft-headed."
    "Not so! Not so!"
    "Yes, you are! a real dragass!"
    "You're insulting me!"
    "Of course I am. You deserve it! you don't care to see what's
going on! . . . or perhaps you're playing Mr. Innocence! . . . that
you're an accomplice here, really truly! part of the act? that
right? . . . just a cynic? huh? an old rake?"
    "Keep on talking?"
    "How many lines do we have?"
    He tots it up.
    "No great deal yet! . . . let's go! let's talk! I was talking about

parlais de Van Gogh tout à l'heure... mettons qu'il revienne...
qu'il réapparaisse... qu'il se représente avec ses toiles... il se ferait
exactement traiter de la même façon qu'autrefois !... balancer en
poisson pourri ! il aurait pas plus d'amateurs !... il ferait pas cent
sous à la Salle ! on y apprendrait à se foutre du monde !... à se
prendre pour Van Gogh !... il faudrait vite qu'il se ressuicide !...
Mozart, tenez professeur Y !... parlons plus de peinture !... parlons de musique !... vous en êtes à combien de pages ?... »
　　Il compte.
　　« Vous vous trouvez drôle ? »
　　Il me questionne.
　　« Non, pas tellement !
　　— Vous vous trouvez spirituel ?
　　— Oh, pas du tout !
　　— Et vous trouvez très amusant décidément de m'appeler :
professeur ?
　　— Non !... Non !... Non !... mais on m'avait dit !... Paulhan
m'avait dit !...
　　— Mais c'est stupide ! Voyons ! absolument faux !... vrai-
ment, voilà une plaisanterie !... je m'appelle Colonel Réséda !...
pas du tout professeur Y ! grotesque ! grotesque !
　　— Ah ?... Colonel Réséda ?... pourquoi ?...
　　— Je vis clandestin !
　　— Clandestin ?
　　— Oui, je me camoufle !... il le faut ! chutt... vous voyez pas
que les gens nous regardent ?... que tous ces gens autour de nous
épient ! nous écoutent ! chutt ! chutt ! »
　　Non ! je voyais pas !... vraiment pas !... je voyais juste deux
malheureux, là-bas, plus loin... quatre bancs plus loin... il était
hanté l'ostrogoth ! qu'importe !... tans pis ! crotte ! je l'avais
comme interviouveur !... je l'avais ! j'étais loti ! qu'il serait le per-
ruquier des zouaves ! je pensais... ce turf d'en trouver un autre !
peut-être encore plus imbécile !...
　　« Je vais pas parler fort, Colonel... je vais vous parler intime-
ment... mais alors, faites très attention !... je vais vous confier, en
pleine confiance, des vérités très essentielles !
　　— Soit ! je vous écoute !...
　　— Je vais vous révéler quelque chose... écoutez-moi bien Colonel ! la vérité essentielle de ce monde actuel: c'est qu'il est para-

Van Gogh a while ago . . . just suppose he comes back . . . reappears . . . shows up with his canvases . . . he'd get treated exactly the same way as before! . . . kicked out like some rotten
fish! . . . wouldn't have any more admirers! . . . he wouldn't take
in a dime at the Salon! they'd teach him a lesson! not to give a
goddam about society! . . . to play the role of Van Gogh! . . .
he'd have to recommit suicide, pronto! . . . Mozart, say, Professor Y! . . . let's not keep talking about painting! . . . let's talk
about music! . . . what page you on now? . . ."

He tots again.

"Do you find yourself funny?"

He questions me.

"No, not particularly."

"Witty, then?"

"Oh, not in the slightest!"

"And you certainly find it very amusing to call me Professor?"

"No! . . . no! . . . no! . . . but I'd been told! . . . Paulhan told
me! . . ."

"Well, that's stupid! Come now! absolutely false! . . . really,
just a joke! . . . my name is Colonel Réséda! . . . not at all Professor Y! grotesque! grotesque!"

"Ah? . . . Colonel Réséda? . . . then why? . . ."

"I lead a clandestine life!"

"Clandestine?"

"Yes, I wear camouflage in life! . . . I must! shh! . . . don't you
see those people watching us! . . . everyone around spying on us!
listening! shh! shh!"

No! I didn't see them! . . . really didn't! . . . just saw two
wretches over a way, further off . . . four benches down . . . this
clod, this barbarian was obsessed! oh well! . . . tough! shit! I had
him for an interviewer! . . . I had him! I was lucky! even if he
were a barber for the Zouaves! thought I . . . the hustle of finding
another! perhaps even more imbecilic! . . .

"I'm not going to shout, Colonel . . . I shall talk to you calmly
. . . but then, do pay attention! . . . I'm going to confide some
things to you, strictest confidence, some very essential truths!"

"Okay! I'm listening! . . ."

"I am going to reveal something to you . . . listen hard, Colonel! the essential truth of this world is that it's paranoid! . . .

noïaque !... Oui ! paranoïaque ! il a la folie présomptueuse ! oui, Colonel, oui !... vous qu'êtes de l'Armée, Colonel, vous trouverez plus un « 2ᵉ classe » dans tout l'Effectif ! Plus que des généraux !... vous trouverez plus un garde-barrière dans tout le chemin de fer ! plus que des ingénieurs en chef ! Ingénieurs en chef aiguilleurs ! Ingénieurs en Chef porte-bagages !

— Oui ! Oui ! c'est exact !

— Prenez le théâtre... je vous prends le théâtre par exemple... pas une demoiselle des labours qui descendant toute fraîche du train, « beurre et œufs » innée, après trois leçons chez Brichantzky, passage Élysée-des-Beaux-Arts, ne se trouve vachement résolue : chansons, danse, diction, à foutre tout le Répertoire en l'air !... pas à raisonner ! c'est ainsi !... trouvez donc à redire un petit peu !... vous serez reçu !... elles sont plus de votre monde ces demoiselles !... elles sont du monde paranoïaque !... vous les exaspérez, c'est tout !... vous, vos réflexions ! la maladie paranoïaque dévaste la ville et les champs ! le « moi » phénoménal bouffe tout !... s'arrête à rien !... exige tout ! pas que les Arts, les Conservatoires, les Laboratoires aussi ! et les Écoles communales donc ! les élèves y passent et les professeurs avec ! tout y passe !... agrégés, élèves, filles de salles, concierges ne font qu'un !... syndiqués en *paranoïa !*... qu'est-ce qu'ils font de leur temps à l'école, élèves, professeurs ?... ils mettent au point leurs droits à tout !... à la Retraite !... aux grands loisirs ! au Génie ! à la « Médaille d'Or » ! aux Médailles d'Or ! à tous les prix de tous les Jurys !... à tous les sièges d'Académies !

— Pas un qui demande une petite place dans un cabanon ?

— Non ! non, Colonel ! Non ! jamais !

— Vous y avez été vous, au cabanon ?

— Oh oui ! que oui ! je parle en connaissance de cause !

— Votre genre de folie, n'est-ce pas, vous ? c'est la jalousie ?

— Oh oui ! certainement, Colonel ! quand je vois tous ces grands écrivains qu'ont su faire leur nougat cossu... Dieu sait à travers quels Déluges ! et pas mouillés, hein ?... pas d'un poil !... rusés drilles !... les bras me tombent !... je me trouverais mal ! de jalousie, Réséda !... j'avoue !... je vous l'avoue !... parlons sérieusement Colonel !... combien de pages ?... »

Il recompte... ça fait pas cinquante !... il a mal compté !

Right, paranoid! It has the madness of presumption! yes, Colonel, yes! . . . you know the Army, Colonel, you won't find a buck
private in the whole military! Nothing but generals now! . . . you
won't find a gatekeeper in the whole railroad! just chief en-
gineers! Chief engineer switchmen! Chief engineer baggage
porters!"

"Yes! of course! that's true!"

"Take the theatre, for instance . . . not one freshly baked
young dairymaid coming to the city to make it big as an actress
who, after three lessons at Brichantzky's,[33] Elysée-des-Beaux-
Arts, is not determined to toss out the whole repertory system!
song, dance and diction! no arguing with her! that's it! . . . the
slightest criticism! . . . what a reception you get! these young
ladies, they no longer inhabit your world! . . . they live in the
world of paranoia! . . . you exasperate them, that's all! . . . you,
your comments! the paranoid sickness lays waste the city and the
fields! the phenomenal ego swallows everything! . . . stops at
nothing! . . . total demands! not just the Arts, the Conservato-
ries, the Laboratories as well! and parish Schools to boot! Students go, professors, too! everything goes through it! . . . masters, students, assistants, janitors, single-minded! . . . united in
paranoia! . . . and what do they do with their time there in
school, students, teachers! . . . they lay out their rights to everything! . . . to Retirement! . . . to relaxation! to Genius and its
Gold Medal! to all Gold Medals! to every academic prize, every
scholarship and grant, to all the seats in all the Academies!"

"Not one requesting room in a padded cell?"

"No! not one, Colonel! not one! never!"

"Have you been there, yourself, in a cell?"

"Oh, yes! for sure! I speak from experience."

"Jealousy, that's your kind of madness, right? Isn't it?"

"Oh, yes! for sure, Colonel! when I see all those great writers
comfortably squatting over their golden nest egg . . . God only
knows through what Floods! and dry as a bone, you know! . . .
not one dampened whisker! . . . shrewd fellows! . . . my shoulders sag! . . . enough to make me ill! from jealousy, Réséda! . . . I
admit it! . . . you're quite right! . . . let's talk seriously, Colonel!
. . . how many pages? . . ."

He recounts . . . it doesn't come to fifty! . . . he's miscounted!

«Continuons !... je vous disais : ces écrivains subtils agiles, dont je suis jaloux à plus savoir !... c'est atroce !... se font tirer un... deux films par mois !... et pour la question d'interviouves, Colonel ? quels interviouves !... pardon Colonel ! pardon !... en couleurs !... sans couleurs !... à poil !... sans poils !... du micro ci !... du micro là... chez eux !... hors chez eux !... chez Titine !... en vacances !... au Séminaire !... en piscine !... au fond d'un ravin !... au bordel !... chez les Papous !... sans les Papous !... pour les Papous !... contre les Papous !... sous un Papou !... contre la montre !... contre le Tour de France !... avec !... le principal que leur cher «moi» jouisse !... supplie !... implore ! rejouisse encore !... se prodigue !... se reprenne ! jute !... déjute !... susurre... parle à Dieu !... lui parle plus !... boude !... que le monde entier halète... pétitionne qu'on recueille leurs paroles !... vous alors n'est-ce pas Colonel vous pouvez parler d'interviouve !... vous !... vous existez pas, Colonel ! vous sabotez l'interviouve ! voilà ! c'est simple ! vous sabotez ! à genoux Colonel ! à genoux ! pas étourneau, la tête ailleurs ! non !... où qu'on a été vous chercher ? encore une vacherie du Gaston ! vous avez aucune notion !... implorant, que vous devez être !... vous devez adorer mes paroles !... et vous adorez rien du tout !... goguenard, malappris, qui vous a désigné exprès ? je me demande ?... je me demande ? vous le direz pas bien sûr !... moi je le dis ! je le dis, Colonel !... je le crie !... le sabotage continue ! on veut pas de moi au *Figaro* !... à l'*Huma* non plus nom de Dieu, Pravda !... si Léon existait encore il aurait pas fini d'hurler... «Vous l'avais-je dit ! je l'avais dit !... l'accord ! l'accord ! la collusion est évidente !... la conjuration bat son plein ! »

— Mais vous me provoquez ma parole ! »

Il s'étonne !

«Mais non ! mais non ! je hurle ce qui est ! les autres, les écrivains qu'on aime, sont suppliés, sont révérés ! chaque mot qui leur sort !... même leurs silences sont révérés ! leurs interviouveurs sont pâmants !

— Qu'est-ce qu'ils leur disent ?

— Ils leur disent qu'ils sont merveilleux !

— Comme vous alors ? quelle différence ?

— Moi, que j'ai inventé un petit truc !... et eux ? rien du tout !

"Let's go on! . . . I was telling you: these clever, subtle writers, of whom I am so unimaginably jealous! . . . it's dreadful! . . . get one . . . two novels turned into films every month! . . . and as for interviews, Colonel! what interviews! . . . forgive me Colonel! forgive me! . . . in color! . . . without color! . . . naked! . . . shaved! . . . mikes everywhere! . . . at home! . . . outdoors! . . . chez Pussy! . . . on vacation! . . . at the Seminary! . . . the swimming pool! . . . bottom of a ditch! . . . among the Papuans![34] . . . without the Papuans! . . . for the Papuans! . . . against the Papuans! . . . under a Papuan! . . . against the clock! . . . against the Tour de France![35] . . . for it! . . . just so long as their dear little ego has its orgasm! . . . pleads! . . . implores! comes again! . . . blows its wad! . . . recovers! ejaculates! . . . dejaculates! . . . murmurs . . . speaks to God! . . . falls silent! . . . broods! . . . the whole world gasping away . . . petitions to have their words recorded! . . . and now you, Colonel, talking about an interview! . . . you! . . . you don't count, Colonel! you're sabotaging the interview! that's what! just that! sabotage! on your knees, Colonel! on your knees! featherbrain, flitting thoughts! no! . . . what rock did they ever find you under! one more of Gaston's foul tricks! you have no notion! . . . imploring, that's what you should be doing! . . . worshiping my words! . . . yet you worship nothing at all! . . . scoffer, lout, who picked you out? I wonder! . . . I do wonder? you won't say, of course! so I'll say it, Colonel! I'll say it! . . . shout it out! . . . the sabotage goes on! the *Figaro*[36] will have nothing to do with me! . . . they hate my guts at the *Huma*,[37] God's sake, Pravda's! . . . If Leon[38] were still alive he'd never stop howling out loud! . . . 'I told you so, I told you so!' . . . common consent! the collusion is obvious! . . . conspiracy[39] at its height!"

"How you are provoking me!"

He's astonished.

"Why, that's not so! not so! I bawl out the truth! the others, those well-loved writers, are beseeched, revered! every word they utter! . . . even their silences are revered! their interviewers swoon!"

"What do they tell them?"

"They tell them they're wonderful!"

"Just like you, then. What's the difference?"

"Ah, but I invented my little gimmick! . . . and they? nothing at all!"

— Eh bien moi je peux vous dégriser de vos folles préten-
tions ! vous voulez savoir ce qu'on pense ? ce que tout le monde
pense ?... que vous êtes qu'un vieillard scléreux, rabâcheur, aigri,
prétentieux, fini !...

— Vous gênez pas, Colonel ! ne vous gênez surtout en rien !

— ... que vous irez encore en prison ! voilà ce qu'on prétend !

— Ah, si vous pouviez, vous, m'y foutre, Colonel ! j'en sor-
tirais plus !

— ... que vous ferez encore des bêtises !

— Non ! non Colonel ! perdez l'espoir ! seulement des petites
inventions !...

— Dites donc ! dites donc ! en fait de maniaque !... c'est vous
le maniaque ! le fou des grandeurs !

— Ah ! si vous aviez connu Courtial !

— Vous êtes pas un grand artiste !

— Non !... évidemment ! ça se saurait !

— Vous êtes pas un grand écrivain !

— Non !... non plus... bien sûr !... les journaux de modes
l'écriraient !

— Il a fallu bien du courage, dites, à M. Gallimard Gaston
pour vous publier !

— Oh ! oui ! l'est-ce beau ? l'est-ce incroyable ! le courage de
M. Gaston !

— Qu'est-ce qu'ils disent de vous à la N. R. F. ?

— Ils sont ennuyés, fatigués... ne sachant pourquoi... sur les
galères, les officiers étaient pareils... fatigués, ne sachant pourquoi... ils voyaient bien trop de galériens !... et ne faisaient rien
eux-mêmes !... ça leur portait sur les nerfs... ça les déprimait... ça
les rendait tout idiots...

— A la N. R. F., c'est pareil ?

— Oui, pareil !... oiseux, excédés, ne sachant pourquoi...

— Ils ont des très grands artistes à la N. R. F. ?

— Oh ! là ! là !... des quantités !

— Qu'est-ce qu'ils font ces grands artistes ?

— Ils s'ouvragent leurs ronds... ils les façonnent, ils essayent
leurs ronds, leurs ronds pour s'asseoir...

— Leurs ronds à quoi ?

"Well, I can sober you down, your wild claims! you want to know what people think? what everybody thinks! . . . you're nothing but a sclerotic old man, playing the same old harp, embittered, pretentious, done for! . . ."

"Don't stand on ceremony, Colonel! don't stand on ceremony the least bit!"

". . . that you're heading back to prison! that's what they claim!"

"Oh, if you could, on your own, throw me in the brig, Colonel! I'd never get out again!"

". . . and you'd still keep on making an ass of yourself!"

"No! no, Colonel! forget that hope! I'll just keep on with my little inventions!"

"Come now! come now! as far as maniacs are concerned! . . . you are one! the maniac with his illusions!"

"Oh, if you had known Courtial." [40]

"You're no great artist!"

"No! . . . obviously! people would find out!"

"You're not a great writer!"

"No! . . . not that either . . . for sure! . . . fashionable papers would announce it!"

"It took a lot of courage, you know, for Mr. Gallimard Gaston to publish your work!"

"Oh! sure! isn't it striking! isn't it incredible! Mr. Gaston's courage!"

"What do they say about you at the N.R.F. office?"

"They're bored, weary . . . not knowing the wherefores . . . on the old prison ships, the officers were the same . . . tired, not knowing why . . . they saw too many convicts! . . . and did nothing themselves! . . . that got on their nerves . . . wore them down . . . turned them into driveling idiots . . ."

"At the N.R.F. it's the same thing?"

"Yeah, same thing! . . . idle, worn out, not knowing why . . ."

"They have very great artists at the N.R.F.?"

"Oh my, yes! . . . quantities!"

"What do they do, these great artists?"

"They work on their cushions . . . they shape them, they try them out, their seat cushions . . ."

"Cushions for what?"

— Aux Académies ! à la Goncourt... à celle du Quai... à l'Académie des Terrasses... à l'Académie Argotique... à l'Académie des Voyages... à l'Académie Chèvre et Chou... à l'Académie Bikini... à l'Académie Policière... à l'Académie des Enveloppes... à l'Académie des Cimetières...

— Et selon vous, tout en chromo ? que des ronds chromos ?

— Et comment ! et alors ? alors ?... le Public est animal, débile mental, etc., mais pour la question de l'instinct, vous le tromperez jamais d'un micron !... d'un quart de micron de son ronron ! de son ronron conforme et chromo !... un dixième de ton de plus... ou moins !... le Public vous agrafe ! déchire !... Chromo ou la Mort !... voilà comme il est !... l'Éternelle Beauté ou la Mort !... tel est le Public ! ainsi furent conformes, adulés, médaillés d'or, célébrés, et le sont encore, réincarnés sous d'autres noms: Rosa Bonheur, Cherbuliez, J.-P. Laurens, Grévin, Delly, Pont Alexandre, Montheus, Lanson... rosettes énormes !... allez pas vous gourer non plus sur les soi-disant révoltés, engagés, fracasseurs inouïs ! tonnerres nouveautistes !... pastis, Colonel !... pastis !... néo-Grévin !... même pas originaux bourriques !... traditionnels !... un peu de glaires et quelques fœtus à la place des bouquets de fleurs ! c'est tout !... le public s'y retrouve parfaitement !... « Ah ! ah ! qu'il s'exclame, le public... quels foudres ! quel futur ils nous ouvrent ! nom de l'Olympe ! quels gaillards ! quels chromos sanglants ! leurs Muses enfantent ! parole ! enfantent ! voici bien de l'Art au delà de l'Art ! au delà des mots ! au delà delà du Soi ! ces nouveautistes chient des idées !... quels messages !... regardez-les moi !... ils nous libèrent ! ils nous transcendent ! ils nous défrichent une nouvelle âme !

— Vous trouvez ça intéressant ?

— Non ! Non ! mais ça fait des lignes... comptez ! »

Il compte.

« Ah ! c'est pas mal !... c'est mieux...

— Continuons !... quelques exemples du nouveau génie: *Il a refoulé sa grand'mère... il a découpé son grand-père !*

— C'est pas très fort...

— *Il baise plus sa femme... il va épouser son petit frère...*

"For their seats on the Academies! at the Goncourt! . . . at the French, beside the Seine . . . at the Sidewalkcafé Academy . . . at the Slingslang Academy . . . at the Travel Academy . . . at the Outtopasture Academy . . . at the Bikini Academy . . . at the Police Academy . . . at the Envelope Academy . . . at the Cemetery Academy . . ."

"And as you say, all pop stuff? just Academy seats for the pop stuffers?"

"Damn right! so what? . . . The public is an animal, a mental retard, call it what you will, but on the question of instinct you'll never fool it by one micron! . . . one quarter of a micron in its snoozing conformity! in its purring conformity to pop stuff! . . . a tenth of a note higher . . . or lower! . . . the Public grabs you! claws at you! . . . 'Pop stuff or your life!' it roars! That's that! Eternal Beauty or Death! . . . that's how the Public is! how conformers were adulated, bemedaled, feted, and still are, reincarnated under diffcrent names: Rosa Bonheur,[41] Cherbuliez,[42] J.-P. Laurens,[43] Grévin,[44] Delly, Pont Alexandre,[45] Montheus,[46] Lanson[47] . . . tremendous rosettas! . . . and don't get fooled by the self-styled rebels, artists of commitment, unheard-of iconoclasts! thunderous noveltiers! . . . muddlemania, Colonel . . . muddlemania! . . . neo-Grévin! . . . not even original asses! . . . traditional ones! . . . a dash of mucus and some foetuses instead of floral bouquets! that's all! . . . the public reorients itself perfectly! . . . 'Ah! ah!' the public exclaims . . . 'what thunderbolts! what a future they foretell! by the gods of Olympus! what husky fellows! what bleeding pop stuff their Muses give birth to! I swear! give birth to! so much Art there is beyond Art! beyond words! beyondyond the Self! these novators shit out ideas! . . . what messages! . . . just look at them! . . . they breathe freedom into us! transcend us! they redeem our fallow souls!'"[48]

"Is that interesting to you?"

"No! not exactly! but it makes more lines . . . tot them up!"

He tots.

"Oh! that's not bad . . . getting better . . ."

"So on we go! . . . a few examples of the new genius: He trampled his grandmother . . . he carved up his grandfather!"

"That's not very strong stuff . . ."

"He no longer screws his wife . . . he's going to marry his kid brother . . ."

— Alors ? alors ?

— Je vous dis pas ce qui se passe entre le grand-père et la grand'mère...

— Pourquoi ? Pourquoi ?

— Nous serions dans l'extrême Péril ! dans la transubstantation des Soi !... bien trop au delà du génie !... dans le « centre-anti-il-sublimé » !

— Voux croyez ?... voux croyez ?

— Oui ! comptez vos pages ! »

Il compte... 64 !...

« Vous vous êtes gouré, Colonel !... ça faisait bien bien plus, tout à l'heure !...

— Mais non ! mais non !...

— Si ! si ! enfin... je continue : le chromo en ébullition !... le grand moment est arrivé ! les mondains entre deux vacances, quatre « week-ends », trois prises de « tension », deux rendez-vous chez leur notaire, trois bonnes visites à leur banquier, un saut aux Arts ménagers se sentent saisis d'un « je ne sais quoi »... tout à fait nouveau !... une sorte d'inquiétude... « Avez-vous vu ?... Vous avez vu ?... ma chère ! mais ma chère ! c'est mystique !... qu'est-ce que c'est ?... qu'avez-vous vu ? vous avez pas vu cette « grand'mère » ?... elle vaut 17 millions, ma chère !... et elle a quatre sexes sur le front !... pas cinq ! pas cinq !... je disais hier : cinq ! c'est quatre ! jamais Portitio n'a fait mieux !... Portitio qui ? Portitio le fuégien ? celui qui ne peint qu'à l'uranium ? précisément ! eh bien ! pour six millions de plus, il lui met un « oui » dans la bouche !... à sa grand'mère ? Oui ! et violet !... il l'a juré ! non ? non ? Si ! si !... »

— Vous en voulez maintenant aux peintres ? pas qu'aux écrivains ?... c'est vrai que vous êtes hargneux, raté ! en tout, et pour tout ! et la musique ? qu'est-ce qu'elle vous dit la musique ?

— La musique classique ?... chevaux de bois !... la musique moderne ? haineuse ! toute la haine des jaunes et des noirs contre la musique des blancs !... ils leur cassent, concassent leur musique !... et ils font bien !... ils leur casseront tout ! ça sera pain bénit !

— Attention ! parlez pas si fort ! on nous écoute !

— Vous êtes obsédé, Colonel !...

— Parlons d'autre chose !...

"So? so what?"

"I'm not mentioning what goes on between grandmother and grandfather . . ."

"Why so?"

"We would be in extreme Peril! in the transubstantiation of the Self! . . . far, far beyond genius! . . . in the 'anti-sublimation-center!'"

"Is that what you think? . . . that what you think?"

"Yes! count your pages!"

He counts . . . 64! . . .

"You goofed, Colonel! . . . it was a lot more than that a while back! . . ."

"No! no, it wasn't!"

"Yes, it was! well, anyway . . . I continue: pop stuff in a state of ebullition! the great moment has come! socialites between two vacations, four weekends, three blood pressure tests, two appointments with their lawyer, three good visits with their banker, one drop-in at the Home Decorating Center,[49] feel overcome with a 'strange sensation' . . . unlike any other! . . . a sort of anxiety . . . 'Did you see! . . . You did see? . . . oh, darling! why, darling! it's mystical . . . what is it? . . . what did you see? did you not see that 'grandmother'? . . . worth 17 million I'll have you know! . . . with four sexes on her forehead! . . . not five! no, not five! . . . yesterday I was holding out for five! but no, it's four! never has Portitio[50] done better . . . Portitio who? Portitio the Fuegian? the one who only paints with uranium? precisely! well! for six million more, he puts a 'yes' in her mouth! . . . in his grandmother's? That's right! and violet! . . . he swore it! no? no? 'Course he did! . . ."

"Do you have it in for painters now? not just writers? . . . it's true you're a bilious failure! in everything, for everything! what about music? what does music have to say to you?"

"Classical music! . . . wooden horses! . . . modern music? hateful! filled with the hatred of the yellows and the blacks for the whites! . . . they crash and smash their music! . . . and they do well! . . . if they smashed everything! be a blessing!"

"Careful! don't talk so loud! people are listening."

"You are obsessed, Colonel! . . ."

"Let's talk about something else! . . ."

— Puisque c'est ça, de quoi voulez-vous ? des roulements à billes ?... des boutons de col ?...

— Encore !... encore !...

— Vous faites maintenant combien de pages ?

— ... 72 !... de l'Académie, j'aimerais mieux...

— Ils ont rien à inventer à l'Académie... blablater qu'ils doivent ! bellement ! y en a qu'un de cocasse là-dedans, c'est Mauriac... je l'ai vu en mante religieuse !... ou plutôt les mantes en lui !... elles se donnaient un bal masqué !... c'était un cauchemar !... elles imitaient toutes le Mauriac !... et elles le « faisaient » parfaitement !... elles processionnaient en « Mauriac » !... elles allaient chercher leur Nobel !... je l'ai vu chez moi rue Lepic, le Mauriac !... il m'est resté dans l'esprit... il faisait mante !... exactement !... pas de front du tout... des gestes d'insecte... Fernandez me l'avait amené... « C'est François Mauriac ? » je voulais pas le croire... « Mais dis, il a pas de front du tout ?... on l'a opéré ?... Non ! non !... » Fernandez le connaissait bien... « C'est de naissance, alors ?... microcéphale ?... » sûrement il avait pas de lobes frontaux !... Fernandez qui le connaissait bien me demandait ce que je pensais de sa voix ?... « Un cancer, tu crois ?... » il l'avait rauque... pensez ce que ça l'a aidé à l'Académie pour être reçu !... « Il en a plus que pour deux... trois mois... ! » c'est magique !...

— Et vous, vous inventez quelque chose en brocardant l'Académie ?

— Non certes ! non certes ! depuis Richelieu, pensez ! comme très frelatée rigolade !

— Mais vous aussi vous êtes usé ! je vous le dis ! y a des gens académiciens qui sont moins gâteux !

— Vous avez sans doute raison, Colonel Machin ! mais ça nous fait combien de pages ? dites ?

— Je recompte... 80 !... qu'est-ce qu'ils vous ont fait à l'Académie ? dites-le !

— Rien du tout !...

— Vous voudriez bien en être ?...

— Ah ! non !... non, alors !... ils attifent leurs vieillards en singes pour faire rigoler la Galerie... les Goncourt plus cruels encore les condamnent à n'exister pas...

— Je vais mettre tout ça dans l'interviouve ? vous croyez que ça intéressera ?

"If that's the way it is, what do you want to talk about? ball
bearings? . . . collar buttons? . . ."

"Keep going!"

"How many pages you up to now?"

". . . 72! . . . about the Academy, I'd prefer . . .!"

"They invent nothing at the Academy . . . just go blabla!
nicely! there's one real clown in there, Mauriac[51] . . . I saw him
looking like a praying mantis! or rather the mantises looking like
him! . . . they were having a masked ball . . . what a nightmare!
. . . they were all imitating old Mauriac! . . . and they could 'do'
him perfectly! . . . they were processioning à la Mauriac! . . .
going to pick up their Nobel! . . . I saw him at my house once,
rue Lepic, old Mauriac! . . . he's stuck in my memory! . . . just
like a mantis! . . . exactly! . . . no forehead at all . . . insect-like
gestures . . . Fernandez[52] had brought him . . . 'That's François
Mauriac?' I couldn't believe it . . . 'Why! no forehead at all? . . .
been operated on? . . .' 'No! no! . . .' Fernandez knew him well
. . . 'Born that way? . . . microcephalic? . . .' surely he had no
frontal lobes! . . . Fernandez, who knew him well, asked me what
I thought of his voice? . . . 'A cancer, do you think?' . . . he was
hoarse . . . imagine how that must have helped him get into the
Academy! . . . 'He only has two . . . three months to live . . . !'
magical! . . ."

"Do you think you're being original by lampooning the
Academy?"

"Of course not! of course not! ever since Richelieu,[53] you can
imagine! such a precious butt of jokes!"

"But you, too, are showing your wear! Said right to your face!
there are some academicians less doddering."

"You are no doubt right, Colonel Whatsits! but how many
pages does that make? Tell me!"

"My recount . . . eighty! . . . what has the Academy ever done
to you? let's hear it!"

"Nothing whatsoever! . . ."

"You'd like to be among them?"

"Oh no! . . . no, not that! . . . they spruce up the oldtimers
like monkeys to amuse the Gallery . . . the Goncourt types are
even more cruel, condemn them to nonexistence."

"Can I put all that into the interview? you think it'll interest
people?"

— Peut-être pas... tant pis !... Gaston m'a dit: «Dépêchez-vous ! qu'on parle de vous !...» je fais ce que je peux...

— Si nous reparlions de votre «émotif» ? de votre soi-disant «style émotif» ?

— Vous croyez-qu'il intéressera ?

— Oh ! non, je ne crois pas... non !... vraiment ! moi toujours je peux vous dire une chose... je peux vous dire un peu ce qu'on pense de votre soi-disant «style émotif»... dans tous les milieux !... milieux populaires... milieux artistiques !... milieux militaires !...

— Allez-y ! enfin, vous m'aidez !... carrément !

— L'avis de personnes cultivées... et d'autres personnes de tous les mondes !

— Je vous écoute ! je vous écoute !

— De vos sales romans ?... et de vous même ?... de vos façons ?

— Allez-y !

— De vos airs effacés ?... de vos manières de jamais «jouer le jeu» ?...

— Alors ? alors ?

— Le pire Tartuffe des Lettres françaises ! voilà !

— Oh ! j'attendais mieux, j'attendais mieux de vous !... Colonel !... on m'a dit déjà tout ça !... dix fois !... cent fois !... et en termes joliment plus vifs !... vitrioliques !... vous, vous êtes plat !

— Vraiment ?

— J'ai tout entendu !...

— Et dans l'admirable ?... voyons un peu l'admirable... on vous a rien dit d'admirable ?... vous avez rien fait d'admirable ?

— Oh ! si ! Colonel ! oh ! que si ! je vois, Colonel Réséda que vous commencez à me comprendre !... à saisir le ton ! bravo ! vous croyez pas si bien dire !... j'ai été maintes fois admirable ! la dernière fois devant Gibraltar !

— Attendez ! je vous suis... un instant !... là ! mon calepin ! mon crayon !...

— Combien de pages ?

— 90 !... alors Gibraltar ?... comment Gibraltar ?

— Oui, Gibraltar ! Colonel !... devant Gibraltar !... nous coulâmes un petit anglais, l'aviso *Kingston Cornelian*... nous lui pas-

"Maybe not . . . tough! Gaston told me: 'Hurry up! get the public talking about you! . . .' I'm doing what I can . . ."

"Suppose we talk about your 'emotive,' your so-called 'emotive style?'"

"You believe that will be interesting?"

"Oh! no, I don't believe so . . . no! but I can still tell you something, myself . . . I can tell you what people think of your so-called 'emotive style' . . . at every level of society! . . . masses . . . elite! . . . military! . . ."

"Go to it! now you're being helpful! . . . no bones about it!"

"The opinion of cultured people . . . and others from every class!"

"I'm all ears! I'm all ears!"

"About your filthy novels! . . . your person! . . . what you've done!"

"Go ahead!"

"About your self-effacing facade! . . . your pretense of never 'playing the game?' . . ."

"So? what are you saying?"

"The shabbiest Tartuffe[54] in French letters! That's what!"

"Oh! I thought you'd do better! . . . thought you'd do better! . . . Colonel! I've heard all that already! . . . ten times over! . . . a hundred times! . . . and in terms wondrously more biting! . . . vitriolic! . . . you, well, you're rather flat!"

"You think so?"

"I've heard everything! . . ."

"And on the admiring side? . . . let's look for a moment at the admirers . . . have they never expressed their admiration for you? . . . have you done nothing admirable?"

"Why! of course! Colonel! why! of course! I see, Colonel Réséda, that you are beginning to understand me! . . . to grasp the tone! bravo! you little know how truly you speak! . . . I have been admirable many a time! the last time was off Gibraltar!"

"Just a minute! I'm catching up! . . . one moment! . . . there! my notebook! my pencil! . . ."

"How many pages?"

"Ninety! . . . so, Gibraltar you were saying? . . . what about Gibraltar?"

"Yes, Gibraltar! Colonel . . . off Gibraltar! . . . we sank a small

sâmes par le milieu ! nous le fîmes couler corps et biens... nous à vingt et deux nœuds ! pensez ! 11.000 tonnes ! il n'a pas fait ouf ! on était gros, il était petit, il a pas eu le temps !

— Eh bien ! eh bien !

— Y a pas d' « eh bien » ! médecin maritime du *Chella !* splendide unité, Colonel, le *Chella !...* tout armé, proue en poupe ! nous le découpâmes par le milieu cet effronté ! toutes ses grenades firent explosion !... il nous déchira sur seize mètres ! seize mètres de coque de longueur !... mais lui, comme trou dans l'eau, pardon ! corps et biens ! corps et biens !... c'est pas Trafalgar tous les jours... ils ont eu beau nous faire passer en Conseil de Guerre maritime !... trop tard ! trop tard ! nous filions nos vingt et deux nœuds, Colonel !

— Parlez pas si fort ! pas si fort ! »

Il me chuchote.

« Vous avez eu des témoins ?

— Plutôt ! et comment ! vous pouvez le dire ! ça se passait à onze heures du soir... une encâblée de la forteresse !... au moins cent projecteurs sur nous !... toute la forteresse ! il faisait plus clair qu'à Épinay !... Épinay-le-Studio !

— C'est malin !

— Une véritable prise de vues !...

— Et vous vous vantez ? »

Il prenait plus de notes...

« Non !... je me vante pas, mais c'est ainsi !... c'est ainsi aussi que six ans plus tard je fis deux ans de réclusion à la prison Vesterfangstel, Pavillon K, Copenhague, Danemark... aux « Danois condamnés à mort »...

— C'était pas volé !

— Non, larbin ! non ! bien sûr ! évidemment !... ils m'ont fait faire encore cinq ans sur les bords de la Baltique dans des petites cahutes très spéciales... par 20... 25 degrés audessous !... et à mes frais !... hein !... à mes frais !

— Pourquoi ?... pourquoi ?...

— Ils savaient pas... pour le principe !

— Ils sont comme ça les Danois ?

— Oui, mais ils le disent pas aux touristes !

— Les touristes s'aperçoivent pas ?

— Non ! ils se font éberluer, ça suffit ! y a pas plus cons que

English packet, Kingston Cornelian . . . plowed right through
her, amidships! sent her down with all hands . . . we were doing
twenty-two knots! you can imagine! eleven thousand tons! without a peep! we were heavy, she was light, had no time!"

"Well! well!"

"No 'well!' about it! I was doctor on the *Chella*! a fine ship!
Colonel, the *Chella* was! . . . well armed, stem to stern! we cut
the *Kingston* right in half, that cheeky thing! all her grenades ex-
ploded! it tore a fifty-foot hole in us! fifty feet of our hull! . . . but
she sank as though into a hole in the water, all hands! all hands!
. . . Trafalgar doesn't happen every day . . . no use sending us before the maritime war council! . . . too late! . . . too late! doing
twenty-two knots, Colonel!"

"Don't talk so loud! not so loud!"

He whispers to me.

"Did you have any witnesses?"

"Rather! Indeed we did! it all happened at eleven o'clock in the
evening . . . a cable length from the fortress! at least thirty spot-
lights on us! . . . it was lighter than at Epinay . . . Epinay TV
Studio!"

"That's not so good."

"As though it were broadcast live! . . ."

"And you're bragging about it?"

He wasn't taking notes any more . . .

"No! . . . I'm hardly bragging, but that's the way it was! . . .
and that's the way, six years later I spent two years locked up in
the Vesterfangstel Prison, Pavillion K, Copenhagen, Denmark
. . . the Dane's death row . . ."

"You deserved it!"

"Yes, a flunkey! yes! for sure! obviously! . . . then they kept me
for five more years in little huts, very special, on the Baltic coast
. . . 10° . . . 15° below zero! and at my expense! how about that!
. . . at my expense!"

"Why? . . . Why? . . ."

"They didn't know . . . just on principle!"

"Danes are like that?"

"Yes, but they never let the tourists in on it!"

"Don't the tourists notice?"

"No, they get dazzled by it all, that's all it takes! nothing like

les touristes ! ils partent tout jean-foutres, prétentieux... ils reviennent encore plus jean-foutres et plus prétentieux !... tout saouls des boniments d'Agences...

— De quoi ils leurs parlent les Danois ?

— D'Andersen, Hamlet, Kierkegaard...

— Qu'est-ce qu'ils ont encore, selon vous ?

— Dampe ! (Jacob Jacobsen) leur espèce de Mirabeau, qu'ils ont condamné à mort, et puis vingt ans au gniouf !

— Ils en parlent jamais de ce Dampe ?

— Non, jamais !... vous lui trouverez pas un sentier... la moindre rue... la moindre plaque...

— Vous avez dit, je crois, quelque part, qu'on tuait très bien les prisonniers en prison danoise ?

— Et comment !

— Vous avez des preuves ?

— Et comment ! mais c'est pas par là du tout qu'ils diffèrent des autres peuples !... oh non ! oh non ! on tue normalement, rituellement, dans toutes les prisons du monde !... »

Ça le fout à rire !...

« Et vers quelle heure, je vous prie ?

— Vers onze heures... minuit... Colonel !

— Vous êtes renseigné !

— Oh oui ! oh oui ! très précisément !... « pip-celle »... ça s'appelle là-bas... 12-13, Colonel ! les cellules 12-13 ! caoutchoutées ! retenez !... on les montre pas aux touristes !...

— Parlons d'autre chose ! on nous écoute !... parlons un peu de votre technique ! »

Il reprend ses notes, sa liasse... il est excédé je vois...

« Votre technique ?... oui... votre invention !... vous y tenez à votre invention, hein ! c'est votre « je » partout, votre invention !... la belle astuce !... le « je » perpétuel ! les autres sont un peu plus modestes !

— Oh ! Colonel, oh ! Colonel !... moi, la modestie en personne ! mon « je » est pas osé du tout ! je ne le présente qu'avec un soin !... mille prudences !... je le recouvre toujours entièrement, très précautionneusement de merde !

— C'est joli ! vous pouvez être fier ! à quoi vous sert alors ce « je » ?... ce « je » complètement fétide ?

tourists for being assholes! they start out pretentious jerks . . . they return more jerky and more pretentious! . . . intoxicated by the blather of the tourist agencies . . ."

"What do they talk to them about?"

"About Andersen, Hamlet, Kierkegaard . . ."

"What else is wrong with them, in your view?"

"Dampe! Real name was Jacob Jacobsen, the local Mirabeau,[55] that they condemned to death, and then twenty years in the clink!"

"They never speak about this Dampe fellow?"

"No, never! . . . you won't find an alley . . . the narrowest street . . . the smallest plaque . . ."

"You said somewhere, I believe, that inmates of Danish prisons were easily killed?"

"That's for sure!"

"Any proof of that?"

"And how! but that's not at all how they differ from other people! . . . oh, no! oh, no! in all the world's prisons, it's a normal procedure, a ritual! . . ."

That gives him a belly laugh! . . .

"And at what time does this take place, could you tell me?"

"Around eleven . . . midnight . . . Colonel."

"You're well informed!"

"Of course! of course! exactly! . . . death cells . . . what they call them . . . 12–13, Colonel! cells 12–13! padded! but take note! . . . they are not shown to tourists! . . ."

"Let's talk about something else! people are listening! . . . how about your technique!"

He returns to his bundle of notes . . . he is exasperated, I can tell . . .

"Your technique! you know . . . your invention! . . . you're pretty proud of that invention of yours, right! your 'I' everywhere, that's your invention! . . . pretty clever! . . . the everlasting 'I'! others are a bit more modest!"

"Oh! Colonel, oh! Colonel! . . . I am modesty incarnate! my little ego is self-effacing! I only present it with prudent caution. I always clothe it, head to toe, every precaution, in shit!"

"How nice! must make you proud! what's the purpose then of this 'I' . . . this perfectly fetid 'I'?"

— La loi du genre ! pas de lyrisme sans « je », Colonel ! Notez, je vous prie, Colonel !... la Loi du lyrisme !

— Sacrée loi !

— Vous pouvez le dire ! le « moi » coûte énormément cher !... l'outil le plus coûteux qu'il soit ! surtout rigolo !... le « je » ne ménage pas son homme ! surtout lyrique drôle !

— Et pourquoi donc ?

— Prenez note ! prenez encore note ! vous relirez tout ça plus tard... *il faut être plus qu'un petit peu mort pour être vraiment rigolo !* voilà ! il faut qu'on vous ait *détaché.*

— Voyez ça ! voyez ça !...

— C'est tout vu !

— Et les autres alors ? les autres ?

— Ils trichent !... ils font semblant d'être détachés ils le sont pas... oh ! pas du tout ! jouisseurs porcs ou mantes religieuses !... pharisiens profiteurs de tout !

— « Je » à la merde et « détaché » ?... C'est la formule ?... si je comprends bien ?...

— Elle est pas gratuite, Colonel !... oh ! non !... pas gratuite !... vous méprenez pas : elle a l'air !... l'air seulement !... ce qu'elle coûte !... il faut payer !...

— Eh bien ! vous savez comme effet...

— Allez, Colonel ! allez-y !

— Votre cher « nombril centre du monde »... votre insupportable « moi » perpétuel... embête joliment votre lecteur !...

— Voilà qui est carrément dit !... mais cher Colonel Réséda, vous me faites rougir ! oui, je rougis : je rougis pour vous !... qu'un homme de votre érudition ! ait jamais compris que le drame de tous les lyriques, rigolos ou tristes, c'est leur « je » partout !... précisément ! à toutes les sauces...´ la tyrannie de leur « je »... leur « je » les ravit pas, je vous jure !... mais comment échapper au « je » ?... la loi du genre !... la loi du genre !

— Pourquoi ?... pourquoi ?...

Il inscrit... vraiment, il écrit...

— Tenez, Colonel, je prends : vous ! vous prenez pas un bain de mer en haut de forme et habit de gala ? Non ? Hein ?

— Quel rapport ?

"It's the Rule of the game! lyricism needs its 'I', Colonel. Take note, Colonel, I beg you! . . . the law of lyricism!"

"Damn fool Law!"

"That's fair enough! the 'ego' comes very dear! . . . the most expensive tool there is! especially when it's funny! . . . the 'I' doesn't treat its subject with kid gloves! especially when it's lyrical and comic!"

"Why is that?"

"Jot this down! take note of this! you can reread it later on . . . you've got to be nearly at death's door to be truly funny! that's it! you must seem to be 'detached' from life!"

"Think of that! Think of that! . . ."

"It's already been thought of! . . ."

"Well, what about other writers then?"

"They cheat . . . they pretend to be 'detached,' they aren't . . . not the least bit! lecherous hogs or preying mantises! . . . pharisees exploiting everything!"

"The 'ego' sauced in shit and 'detached'? . . . That's the recipe? . . . if I understand you! . . ."

"It's certainly no free ride, Colonel . . . oh! no! . . . an arm and a leg! . . . don't misunderstand: looks easy! . . . just looks so! . . . what it costs! . . . you have to pay! . . ."

"Well, you know, just for effect . . ."

"Go ahead, Colonel, go ahead!"

"Your darling little 'belly-button-center-of-the-world' . . . your intolerable, everlasting 'I' . . . really grates on your readers' nerves! . . ."

"That's saying it like it is! . . . but my dear Colonel Réséda, you make me blush! yes, I'm blushing: blushing for you! . . . that a man of your erudition has never understood that the drama of all lyrics, funny or sad, is their 'I' throughout! . . . precisely! whatever the sauce . . . the tyranny of their 'I' . . . their 'I' doesn't make them happy, I assure you! but how are you to avoid the 'I'? . . . the rule of the genre!"

"But why? . . . why? . . ."

He writes it down . . . really, he's writing . . .

"Listen, Colonel, now take yourself! you don't go swimming in the ocean with top hat and tails! You don't, do you?"

"What's this got to do with anything? . . ."

— Le lyrisme et la mer, quel rapport ?... je vais pas tout vous expliquer, Colonel ! il me faudrait des heures !...

— C'est cochon ?

— Oui et non... faut pas faire joujou sur le bord !...

— Quelle histoire !

— Je vous précise... si vous êtes artiste à salons, pour salons, pour patronages, pour Cellules, pour Ambassades, pour Cinémas, vous vous présentez comment ?... en habit, pardi !... en bel uniforme !... c'est entendu ! en chromo !... il le faut !... mais si vous êtes coté : lyrique ?... né lyrique ?... réellement lyrique !... alors, ça va plus !... y a plus de costumes pour votre nature !... nerfs à vif, qu'il faut vous lancer, vous présenter !... vos nerfs à vif !... les vôtres !... pas les nerfs d'autrui !... oh, là, non ! bien les vôtres !... plus qu'à poil !... à vif !... plus que « tout nu » !... et tout votre « je » en avant !... hardi !... pas de tricheries !

— Je note.

— Oui, Colonel ! l'indécence ! l'exhibitionnisme !

— C'est du propre !

— Oh ! c'est la fin du cabotin !

— Certainement !... on me pille assez ! on me le prouve !... on me passerait encore d'être lyrique... mais lyrique comique ?... j'y coupe pas !... c'est l'assassinat garanti !

— Le lyrisme est peu français...

— Colonel, vous avez raison ! les Français sont si vaniteux, que le « je » des autres les fout en boule !...

— Et les Anglais ?... et les Allemands ?... et les Danois ?... ils se hérissent aussi au « je » ?... au « je » d'autrui ?... comme vous dites ?...

— Oh ! réfléchissant... y pensant... ils sont peut-être plus sournois... plus discrets... c'est tout !... moins nerveux... mais le fait est universel : personne aime le « je » d'autrui !... Chinois, Valaques, Saxons, Berbères !... kif !... ainsi du caca, vous remarquerez ?... chacun supporte à ravir l'odeur de son propre caca, mais l'odeur du caca d'Estelle, que vous adorez, soi-disant, vous est beaucoup moins agréable !... « de l'air ! de l'air ! » que vous hurlez...

"The lyricism of the sea, what relationship? . . . I'm not going to explain the whole thing to you, Colonel! it would take me hours and hours! . . ."

"Is it smutty?"

"Yes and no . . . mustn't play games on the shore! . . ."

"Some story!"

"I'll be more specific . . . if you're a drawing room artist, for drawing rooms, for youth groups, for convents, for Ambassadors, for movie houses, how do you report to work? . . . dressed, you can bet! . . . in some handsome getup! . . . naturally! in popular attire! . . . you have to! . . . but if you are of a lyrical nature! . . . born a poet! . . . truly lyric! . . . then, that will no longer do! . . . there are no costumes to fit your nature! . . . nerves exposed, you must rush forward, introduce yourself! . . . your nerves hanging out! . . . your own! . . . not somebody else's! . . . not just naked! . . . to the quick! . . . more than stripped! . . . your ego standing forth! . . . rashly! . . . for all to see!"

"I've got it down."

"Right, Colonel! it's indecency! exhibitionism!"

"It's disgusting!"

"Oh! it would put an end to the ham actor!"

"And you're an inventor besides, are you?"

"Certainly! people plagiarize me enough! that's proof! . . . they might forgive my being lyrical . . . but lyrical and comic! . . . that won't do! . . . guaranteed assassination!"

"Lyricism is hardly French . . ."

"You're right, Colonel! The French are so vain that mention of another's 'I' gets them all uneasy."

"How about the English? . . . and the Germans? . . . and the Danes? . . . do they bristle too, at the 'I'? . . . at the mention of someone else's 'I'? . . . as you say? . . ."

"Oh, upon reflection . . . thinking about it . . . they are slyer, perhaps . . . more discreet . . . that's all! . . . less anxious . . . but the fact is universal: no one likes another's 'I'! . . . The Chinese, Wallachs, Saxons, Berbers! . . . same thing! . . . like with crap, you will note! . . . Oh, everybody can stand wonderfully well the odor of his own crap, but the odor of Estelle's crap, whom you supposedly adore, is a great deal less attractive! . . . 'give me some air! some air!' you holler . . . assphyxiated! . . ."

— Vous vous êtes ordure par système !... votre lyrisme n'est qu'un prétexte...

— Croyez-moi bien, Colonel ! je suis pas à une insulte près !... une fois César mis hors la loi, il ne rencontre plus que des assassins... même pas besoin d'être César !... allez !... « hors la loi » on m'a tout volé !... moi qui vous parle !... et puis on m'a accusé de tout ! moi qui vous parle ! surtout dans ma propre famille !... on m'a traité d'assassin !... on me l'a écrit !... et tenez-vous bien : d'assassin de ma mère !... alors vous, n'est-ce pas, Colonel !... tout ce que vous pourrez me bafouiller !...

— Qu'aviez-vous fait à votre famille ?

— Rien du tout !... j'étais en prison...

— Quelle raison alors ?

— Ils m'avaient volé... ils avaient peur que je réclame...

— Alors ? alors ?

— Ça veut dire que c'est pas vous, avec vos petites insultes, qu'allez me faire quelque effet !

— On va mettre tout ça ?

— Comptez combien de pages ?

— 100, juste !... je mets vos remarques sur l'Académie ?

— Ça ferait pas si mal... allez ! c'est des plaisanteries oubliées !... vous appesantissez pas, c'est tout !

— Bon !

— C'est très joli ! vous me cherchez chicane, mais vous ne m'aidez guère !...

— Un autre sujet !... vous savez un petit peu d'argot ?... parlez-moi de l'argot ?

— Oh, oui ! oh, oui !... l'argot est un langage de haine qui vous assoit très bien le lecteur... l'annihile !... à votre merci !... il reste tout con !...

— Bon !... c'est pas mal !...

— Mais attention ! gafe !... j'ajoute : l'émoi de l'argot s'épuise vite ! deux... trois couplets ! deux, trois bons vannes... et votre lecteur se ressaisit !... un livre tout entier d'argot est plus ennuyeux qu'un « Rapport de la Cour des Comptes »...

— Pourquoi ?

"You are quite systematically nasty! . . . your lyricism is no
more than a pretext . . ."

"Do believe me, Colonel! an insult is not about to upset me!
. . . once Caesar is declared an outlaw, he finds himself surrounded by assassins . . . doesn't even need to be Caesar! . . .
hell, no! . . . as 'outlaw' I was robbed of everything! . . . I was!
. . . and then accused of every crime! . . . I was! . . . in my own
family above all! . . . they treated me as an assassin! . . . that's
what they wrote me! . . . and just listen to this: assassination of
my mother! . . . so you see, Colonel! don't you? . . . anything
you might stammer at me! . . ."

"What had you done to your family?"

"Nothing at all . . . I was in prison . . ."

"Then what reason?"

"They had stolen all I owned . . . feared my reclaiming it . . ."

"So? so?"

"That just means that you're not the one, you and your petty
insults, who is going to upset me!"

"Shall I put all that down?"

"Count up the pages. How many?"

"One hundred, exactly! . . . do I include your remarks about
the Academy?"

"That won't do so much harm . . . go ahead! just kidding remarks, soon forgotten! . . . don't lean on them, that's all!"

"Fine!"

"Oh, how nice! you're trying to pick a quarrel, but you're
scarcely being helpful! . . ."

"One other subject! . . . you know something about argot! . . .
talk to me about argot?"

"Oh, yes! oh, yes! . . . Argot is a language of hate that'll make
your reader perk up . . . destroy him! . . . at your mercy! . . . he
just sits there flummoxed."

"Fine! . . . that's not bad! . . ."

"But watch out! careful! . . . I must add: the tingle argot pro-
vides is short-lived! two . . . three couplets! two, three good
broadsides . . . and your reader pulls himself back together! . . .
a book entirely filled with argot is more boring than a court
record . . ."

"Why?"

— Parce que le lecteur est un vicieux ! il veut de l'argot toujours plus fort !... où que vous lui trouveriez ?

— Oui, où ?

— Eh bien ! Colonel, retenez ça : piment admirable que l'argot !... mais un repas entier de piment vous fait qu'un méchant déjeuner ! votre lecteur vous envoie au diable ! il fout votre cuisine sens dessus dessous ! la gueule emportée ! il retourne aux chromos votre lecteur ! et comment !... l'argot séduit mais retient mal... ainsi le monsieur séducteur après quelques instants sublimes se trouve dépassé par la dame, il a promis monts et merveilles, il devait abattre des forêts... le premier taillis le fout à genoux !... il demande grâce !... ainsi de l'argot à l'action !... tenez : prenez une lettre en jars du détenu à sa gagneuse... si elle est esbrouffante à souhait !... elle est faite pour être lue dans tous les petits bars des « vrais-vrais » du Barbès au Lape... à la ronde !... comme les lettres de la Marquise étaient écrites verveuses, fruitées, poustouflantes à souhait pour que les châteaux s'en pâment ! que les châtelaines en jabotent, rotent, jutent, se les repassent du Périgord en Beauvaisis !... pareil les bonnes lettres des barbeaux !... regardez, amusez-vous, que le même assassin-écrivain qui rédige en jars, et sanglant, pour sa gagneuse et ses petits potes, écrit pas du tout javanais au juge d'Instruction !... que non ! toute vapeur arrière !... convenable ! que du sérieux !... quand le drame est là, le véritable (pas le drame pour cinéma !) personne sait plus le jars !... le Certificat d'Études vous sauve !... le jars vous perd !

— Votre conclusion ?

— L'argot a son rôle, oui !... certes !... l'histoire de tous les piments !... y en a pas ?... votre brouet est con ! y en a trop ?... encore plus con !... il y faut un tact !...

— Tout à l'heure vous me parliez du « je »... maintenant vous me parlez d'argot !

— Mais c'est vous dites donc Colonel ! c'est vous qu'avez changé le sujet ! vous qu'avez commencé l'argot !

— Ah oui ! ah oui ! c'est bien possible...

— Combien de pages on a ?

— Cent ! »

Il restait à cent !... pour moi, il les comptait à rebours !... pochetée !

"Because the reader is a man of vice! he wants argot in stronger and stronger doses! . . . where would you find it for him?"

"Yes, where?"

"Well! Colonel, remember this: an admirable seasoning, slang. But an entire meal of seasoning makes a dreadful lunch! your reader packs you off to hell! throws out your dishes pell-mell, his guts on fire! back to the pop stuff, your reader! and how! . . . slang seduces but does not hold one's attention! . . . so the Don Juan of slang, after a few sublime moments, finds himself outclassed by his lady. He promised moons and miracles, he was ready to fell a whole forest . . . the first thicket sends him to his knees! . . . he begs for grace! . . . so it is when moving from argot to action! . . . listen: take a letter written in slang from a prisoner to his little lady . . . as loaded as you could hope for! . . . for reading in all the little bars of the faithful from the Barbès to the Lape [56] . . . makes the rounds! . . . like the letters from the Marquise, [57] written with verve, juicy, bowling you over, royally, to make the chateau crowd all swoon! for the ladies of the manor to gaggle over, belch, drool, pass around from Périgord to Beauvaisis! [58] . . . like the splendid letters from pimps! . . . take a gander! it's amusing! . . . the same assassin-writer who composes in slang, caught in a bloody crime for the sake of his little meal ticket and pals, won't write jargon to the prosecutor! . . . hell, no! full speed astern! . . . proper speech! nothing but serious! . . . when drama strikes, true drama (not the TV variety!) people steer clear of slang! . . . your diploma can save you . . . slang undo you!"

"Your conclusion?"

"Slang plays its role, sure! . . . of course! . . . as with all seasonings! . . . there isn't any? . . . it's a lousy-ass soup . . . too much? . . . lousier still! . . . it takes a knack! . . ."

"A while ago you were talking to me about the *I*! . . . now it's argot!"

"But you're the one, crying out loud, Colonel! you're the one who changed the subject! you brought up argot!"

"Oh yes! oh yes! that's quite possible . . ."

"How many pages we got?"

"A hundred!"

He was stuck on a hundred! . . . seemed to me he was counting backward! . . . old jerk!

« Si nous parlions un peu d'amour ?

— Oh ! pas si fort ! pas si fort !... les gens nous écoutent !...

— Qui, les gens ? »

Y avait pas un chat !... tout près... et puis je parlais pas si fort !... positivement ! ce Colonel était braque !... il avair les yeux, d'abord !... éperdus lotos !

« Il se passe rien de tragique, Colonel ! On se parle de n'importe quoi ! bric et broc !... vous êtes pas d'avis ?... c'est un intervioue sans façons ! voilà ! sans façons... je vous proposais de parler d'amour et de chansons d'amour... c'est pas un sujet pour un square ?... les chansons d'amour dans un square ?... vous voulez pas que je vous en chante une ? exemple de lyrisme populaire ?... j'ai gagné ma vie en chansons ! moi !

— Vous ?

— Oui !... fidélité ! caresses !... éternité ! tendresses ! j'ai manié ça ! vous voulez en écouter une ?

— Non ! non ! non ! je pars !...

— Partez pas ! restez ! restez ! Colonel ! je chante plus ! »

Il s'en allait !... positivement !...

Il se rassoit...

« En voilà dites, qui l'ont chouette ?

— Qui ?

— Mais les chansonniers de l'amour !... tout leur est permis ! sapristis gâtés du lyrisme ! rastaquouères du truc ! tout ce qu'ils veulent de « je » !... jamais trop de « je » ! de leur cher « je » ! pensez ! ils ont l'Espèce avec eux ! toute l'Espèce ! troubadours à la Reproduction ! Printemps 365 jours par an !... un chansonnier de l'Amour vaut son poids de sperme !...

— Vous voulez étonner le lecteur ?

— Oh ! pas du tout ! je suis pas très modeste, Colonel, mais là, j'avoue, j'invente rien !... la bête à deux têtes est grotesque ! pas d'hier ! pas d'hier ! depuis que le monde est monde ! la bête à deux têtes est cochonne... qu'elle dit ! qu'elle prétend ! mais pas du tout !... en vérité ! elle est à rire ! voilà ce qu'elle est ! elle a pas la force du cochon !... de loin !... de très loin !... l'homme est qu'un pauvre va-de-la-gueule... aux exploits de l'amour !... sous-sous mouche même ! oui, Colonel ! sous-sous mouche ! sa petite épilepsie de l'Espèce ? pour l'Espèce ?... que de préparation !... que de petits cadeaux ! succions ! serments ! chichis ! et après ?...

"Suppose we talk a bit about love!"

"Not so loud! not so loud! . . . people can hear us! . . ."

"Who, people?"

Not a soul around! . . . anywhere near . . . and I wasn't talking so loud! . . . positive! this colonel was a twit! . . . just check his mug! . . . vacant goggle-eyes!

"Nothing tragic going on, Colonel! We're just talking about all sorts of things! higgledy-piggledy! . . . don't you agree? . . . it's an informal interview, that's all! free and easy! I was suggesting we discuss love and love songs . . . isn't that a good subject for a public park? . . . love songs in a park? . . . wouldn't you like me to sing one for you? a sample of popular music? . . . that's how I used to earn my living! I did!"

"You?"

"Yeah! . . . fidelity! caresses! . . . foreverness! warmth! I handled all that! want to hear one?"

"No! no! no! I'm leaving! . . ."

"Don't leave! stay here! Colonel! I won't sing any more!"

He was actually leaving! . . . really was!

He sits back down . . .

"They're the ones, you know! . . . who've got it made."

"Who?"

"The singers of love songs! . . . No restrictions for them! . . . Lyricism has spoiled them, but good! flashy dressers of the trade! their 'I' is everywhere! . . . never too much ego! their wonderful ego! people accept it! we all do! they're the troubadors of reproduction! Spring for them has 365 days! . . . when they sing their love songs they're worth their weight in sperm! . . ."

"You trying to shock the reader?"

"Oh! not at all! I'm not very modest, but in this case, I must admit, it's not my invention! the beast with two backs[59] has been grotesque since before yesterday! For sure! Since the world has been a world! the beast with two backs is a hoggish glutton . . . so it says! so it claims! but it's not . . . the truth is it's laughable! that's what! it hasn't the strength of a pig! . . . far from it! . . . far, far from it! . . . man, when it comes to feats of love, he runs off at the mouth . . . sub-sub fly even! yes, Colonel! a sub-sub fly! his little epileptic fandango of the Species? for the Species? . . . how much preparation! how many little gifts! suckings! vows! blabla!

huit jours sur le flanc ! le plus fragile système nerveux du règne animal !... la vérité ! la mouche à côté ? qui tire ses cent coups la minute ? une Titane, la mouche, Colonel ! une véritable Titane !

— Vous croyez ?

— Je pense ! toute la détresse de don Juan est de pas être puissant comme une mouche !

— Vous donnez ça dans l'interviouve ?

— Pourquoi pas ?... je pense ! ça vaut bien autre chose ! les gens aiment à être instruits sans peine !...

— Croyez-vous que Gaston sera intéressé ?

— Oh ! pas du tout ! si il s'en fout !... du moment que ça touche pas au coffre !... à son coffre !

— Vous le croyez alors si vénal ?...

— Non, mais il est riche...

— Alors ?

— Les hommes riches sont coffres...

— Alors ?

— Ils pensent « coffre »... ils veulent qu'être de plus en plus gros, plus en plus blindés, plus en plus invulnérables... le reste s'ils s'en tapent ! plus gros que les plus gros, plus pleins que les plus pleins, plus durs que les carapaces les plus chromées de tous les tanks réunis de toutes les armées possibles !... voilà l'idéal ! voilà tout ce qui les intéresse ! tous les gens qui viennent leur parler sont autant d'emmerdeurs suspects... d'espèces de dévaliseurs... effracteurs...

— Mettons !... mais Paulhan ?... il est pas coffre-fort, lui ?

— Non !

— Et il respecte la N. R. F., lui ! pourtant !

— C'est son gagne-pain le respect, Paulhan !

— Il publiera votre interviouve, vous croyez ?

— Diantre ! s'il en veut pas il le foutera en l'air !

— Et si il le passe ?

— Il le payera trois mille francs la page !... il paye sa femme de ménage, à labeur égal, bien davantage ! et il file doux !...

— Il a une femme de ménage ?

— Parbleu !... c'est ça que je lui jalouse le plus : sa femme de ménage !... et je suis pas près de lui pardonner !...

— Vous êtes aigri... vous êtes envieux !

and then? a week on his back! the most fragile nervous system in the animal kingdom! . . . it's true! compared to the fly's pace of a hundred screws a minute? he comes off a Titan, the fly does, Colonel! a true-blue Titan!"

"That's what you think?"

"I do! Don Juan's greatest distress was to be less potent than a fly!"

"You'd put that into the interview?"

"Why not? . . . I think so! worth as much as anything else! people love to learn things painlessly! . . ."

"Do you believe that will interest Gaston?"

"Hell, no! he couldn't care less! . . . as long as it doesn't concern his profits! . . . his own, that is!"

"Do you take him to be so venal!"

"No, but he is wealthy . . ."

"So?"

"The wealthy are made out of profits . . ."

"So?"

"They think profits . . . all they want is to be bigger and bigger, tougher and tougher, more and more invulnerable . . . as for the rest, they couldn't care less! bigger than the biggest, fuller than the fullest, harder than the hardest steel-plated armor of all the tanks combined of all the armies together! . . . that's their ideal! that's where their interest lies! all those who come to speak to them are looked upon as questionable bores, pains in the ass . . . con artists . . . hustlers . . ."

"Okay! . . . but Paulhan! . . . he's no walking coffer, is he?"

"No."

"And yet he respects the N.R.F.! doesn't he?

"Respect, that's Paulhan's meal ticket!"

"Will he publish your interview, you think?"

"Hell! if he doesn't want it he'll pitch it!"

"And if he accepts it?"

"He'll pay 3,000 francs a page! . . . he pays his housekeeper, per unit of work, a lot more! and goes on his way! . . ."

"Does he have a housekeeper?"

"Great grief! . . . that's what I envy him so much: his housekeeper! . . . and I'm not about to pardon him!"

"You're bitter . . . you're jealous!"

— Oh ! oui alors !... et je m'en flatte ! jaloux terrible de tous ceux qui se font servir ! qu'ont une femme de ménage à l'heure !... de toutes les personnes qui font pas jamais leur vaisselle !... y a vingt ans, moi, Colonel, que j'ai plus de femme de ménage !... moi, mutilé de la guerre 14 ! génie des lettres et de la médecine ! tous ceux qu'ont des femmes de ménage sont autant d'effrontés jocrisses jouisseurs fainéants ! à pendre tous, Colonel ! à pendre ! aux Champs-Élysées ! à midi ! voilà la vraie classe haïssable ! d'un côté du rideau ou de l'autre ! pas d'histoires ! vous vous en avez une, bien sûr ?... une femme de ménage ? vous vous faites servir ?... vous avez une tête à ça !...

— Oui, j'avoue !...

— Et vous êtes retraité en plus ?... je parie ?

— Oui !...

— Retraité simple ou « indexé » ?

— Indexé...

— J'étais sûr !... la fin de tout !... l'oisiveté dans la Sécurité !... heureusement que les Chinois vont venir !

— Pourquoi ?

— Pour en finir ! cette bonne branque ! pour vous faire construire le canal « la Somme-Yang-Tsé-Kiang ! »

— Vous savez, vous ?

— Oui, je sais !...

— Vous mettez ça dans l'interviouve ?

— Et comment ! je pense bien ! et les détails !

— Non !... non !... non !... »

Il se lève... il part ce coup-ci ! je le rattrape !

« Vous me parlerez plus de politique ?

— Non !... je vous jure !... c'était seulement un détail !... ce canal, hein ?... ce canal ?... ce canal pour rire !... de bout en bout, à la main !... à la petite cuiller à café !... qu'à la petite cuiller à café !

— C'est pour rire alors ? c'est pour rire ?

— Mais évidemment, Colonel ! vous avez pris ça au sérieux ? Voyons ! Comptez les pages ! comptez vos pages ! faut qu'ils rient à la N. R. F. ! »

... Cent dix pages !...

« C'est pas assez, vous croyez ?

— Non ! non ! Colonel ! y a les papillotes pour Paulhan !

"Oh! that I am! . . . and I'm proud of it! terribly jealous of all
those who are waited on! who have housekeepers by the hour!
. . . of all those people who never wash a dish, no never! . . . been
twenty years, Colonel, since I've had a housekeeper myself! . . .
me! maimed in the First World War! a genius of letters and of
medicine! all those with housekeepers are just so many brazen
dimwits, do-nothing pleasure-seekers, good for stringing up,
Colonel! for stringing up! on the Champs-Elysées! high noon!
there's the truly despicable class! whichever side of the curtain!
no fuss! how about you? you have one, of course? . . . a housekeeper? you get waited on? . . . you look like the sort! . . ."

"Yes, I admit! . . ."

"And you're retired to boot! . . . I'll wager?"

"That's true!"

"Simple retirement or with a cost of living adjustment?"

"A cost of living adjustment . . ."

"I knew it! . . . the last straw! . . . sloth in security! . . . a good
thing the Chinese will be along!"

"Why?"

"To put an end to it! that dumb maid bit! to make you work
constructing a Somme-Yangtze-Kiang Canal!"

"You're sure of all that?"

"Of course I am! . . ."

"You're putting that in the interview?"

"Why, of course! I should say so! in detail!"

"No! . . . no! . . . no!"

He stands up . . . he's going to leave on that one! I catch him!

"You promise not to talk politics any more?"

"No! . . . I swear! . . . it was just a trivial remark! . . . that canal huh? . . . that canal! . . . just for a laugh! . . . from end to
end, by hand! . . . with teaspoons! . . . just little teaspoons! . . ."

"It's just a joke then! just a joke!"

"Why, of course, Colonel! You didn't take me seriously! Come
now! Count the pages! Count up your pages! got to make the
N.R.F. people laugh too!"

". . . A hundred ten pages! . . .

"That's not enough, do you think?"

"No, Colonel! no! not enough for Paulhan to wrap his roast
up in!"

— Il fait des papillotes, Paulhan ?

— Oui ! des « papillotes hygiéniques » !

— Avec vos chefs-d'œuvre ?

— Je pense bien !... quand mes chefs-d'œuvre lui plaisent pas !... genre de Néron !...

— Bon ! peut-être que le lyrisme plairait mieux ? »

Il propose... il redoute que je lui reparle politique...

« Si vous voulez !... je vous disais question lyrisme que même le lyrisme d'amour donnait plus beaucoup...

— Pourquoi ?

— Parce que les chanteurs de charme l'ont esquinté à l'extrême ! surbranlé à mort !

— Ah ?

— Vous avez sûrement la Radio ?... hein, Colonel ?... oui ? Eh bien ! vous êtes de mon avis ?... pas plus funèbre à écouter que chanteurs et chanteuses d'amour ! hein ? ils sont tous accablants de tristesse ! qu'en pensent les merles dites ? et pinsons ? et rossignols ? de ces messes d'enterrement d'amour ?... et même les moineaux ?

— Vous en avez contre la chanson maintenant ?

— Oh ! pas du tout ! mais j'aime pas les chantres effondrés...

— Attendez ! je compte... »

Il compte... il recompte... il fait seulement soixante douze pages !... il s'était gouré !... je l'avais dit !...

« Vous, maintenant... posez des questions ! »

Je veux qu'il turbine !...

« Vous me laissez pas !

— Si ! Si !... je vous laisse !... allez-y ! interrogez-moi !

— Une question ! »

Il réfléchit.

« Allez-y !

— Comment vous est venue l'idée de votre soi-disant nouveau style ?

— Par le métro !... par le métro, Colonel !...

— Comment ?

— Au moment où je prenais le métro... j'avais des hésitations...

— Ah !

— Au moment de le prendre... je vous l'ai déjà dit !... vous m'avez pas écouté ! vous avez rien écouté !...

— Comment, le métro ?

"Paulhan wraps his roasts?"

"Yeah! with sterile parchment paper!"

"Out of your masterpieces?"

"I should say so! . . . if he doesn't like them! a Nero type! . . ."

"Fine! perhaps lyricism would be more appealing?"

He suggests . . . fearing that I'll return to politics . . .

"If you like! . . . I was telling you, question of lyricism, that even the sentimental kind didn't amount to much any more . . ."

"Why's that?"

"Because vocalists doing love songs have beaten them to pieces! masturbated them to death!"

"Oh?"

"You must have a radio? . . . right, Colonel? . . . right? well! do you agree with me? . . . nothing more lugubrious to listen to than singers of love songs! agree? they overwhelm us with their sad tones! what do thrushes, tell me! and larks? and nightingales? make of all that? of those funeral services to love? . . . even sparrows?"

"You got it in for songs now?"

"Oh! not at all! but I don't like mournful bleaters . . ."

"Wait! I'm counting . . ."

He counts . . . he recounts . . . only gets up to seventy-two pages! . . . he had goofed! . . . I had told him so! . . .

"So now . . . ask me some questions!"

I want him to get revved up! . . .

"You never let me be!"

"Of course I do! . . . I let you! go on! ask me something!"

"One question!"

He sinks into thought.

"Let's hear it!"

"How did the idea of your so-called new style ever come to you?"

"Through the metro! . . . through the metro, Colonel! . . ."

"I beg your pardon?"

"When I was taking the metro . . . I hesitated . . ."

"Oh!"

"Getting ready to take it . . . as I've already said! . . . you didn't listen! you haven't heard a thing! . . ."

"What do you mean, the metro?"

— Pas le métro !... le « Nord-Sud » à vrai dire !... c'était le
« Nord-Sud » en ce temps-là !
— Alors ?
— Voilà... »
Il m'interrompt !...
« Vous permettez ?... je vais faire pipi !...
— A votre aise !... mais où ? »
Il me montre la sortie du square, le portillon à battants... et de
l'autre côté des fusains : la vespasienne !... pour ça qu'il regardait
par là, pardi !... tout le temps par là !... et qu'il se tortillait !...
qu'il m'écoutait pas... il louchait !... pardi ! je suis sûr qu'il avait
rien retenu !... même pas l'essentiel : que j'étais le seul écrivain du
siècle ! moi !... moi !... j'y avais assez répété ! que toute la bande
des autres ? pouah ! pouah ! qui remplissaient des pages entières
de critiques entièrement payées... confusieux, scrifouilleux-la-
honte !... repouah ! pouah !... valaient pas leur bic ! leur rechange
de bic ! gâteux avant l'heure ! tous et toutes !... essoufflés, gaffeurs,
plagiaires, encombreurs de Quais !... charlatans sans orviétan !...
clique à vous faire lire les Goncourt !... positivement !... avortons
privés de tout formol ! je m'étais donné tout ce mal pour rien ! je
lui avais raconté qu'une nuit j'avais eu une sorte de cauchemar...
j'étais chez les mantes religieuses... je vous l'ai dit plus haut ! elles
s'étaient toutes mises en Mauriac !... elles se faisaient filmer !...
plus tard j'ai encore revu Mauriac ! je lis son article tous les
matins... il était en moto... ce coup-là !... en mante religieuse en
moto !... en moto de bonne sœur !... avec cornette !... pour cacher
sa difformité !... il allait chercher Claudel... ils partaient tous les
deux pour l'Est !... ils allaient résister par là !... ensemble ! ensemble ! avec épées ! tout ! « on y a pas été en 14 ! on ira en
74 ! »... pour aller à l'Est, faut descendre les Champs-Élysées !...
si y avait du monde !... ils recrutaient !... ils distribuaient des
Girouettes à l'œil ! et cette foule au Théâtre Français ! on les portait en triomphe !... pour leur fortune, et leur piété et leur dé-
merdage ! et pour l'Ode ! Claudel en cornette !... c'était l'Est
pour eux le Théâtre Français ! par rapport à leur journal... si ils
se donnaient ! l'un comme l'autre !... le triomphe qu'on leur

"Not the metro! . . . the north-south line, to be specific! . . . it was called the north-south in those days!"

"So?"

"Well, it was this way . . ."

He interrupts! . . .

"Would you excuse me? . . . I'm going to take a leak! . . ."

"Help yourself! . . . but where are you going!"

He points toward the way out, a little gate with swinging doors . . . and beyond the euonymus: the public urinal! . . . that's why he had been looking in that direction, good grief! . . . all the while, over there! . . . twisting around! . . . not listening! . . . squinting away! . . . good grief! I'm sure he didn't remember my thoughts! . . . even the basics: that I was the century's only writer! me! . . . me! . . . I had repeated that often enough to him! and all the rest of the crowd? yecch! yecch! who filled page after page on contract . . . sowers of confusion, inkslingers-in-shame! ugh ughain! . . . not worth their Bic! even the refill! dodderers before their time! male and female! . . . out-of-breath bunglers, plagiarists! riverside bums! . . . charlatans without nostrums! . . . the Goncourt clique out recruiting readers! . . . absolutely! . . . foetuses out of formaldehyde! I had gone to all this trouble for nothing! I had told him how one night I had had a sort of nightmare . . . I was with the praying mantises . . . I already mentioned that! they had all dressed up as Mauriac! . . . they were being filmed! . . . later on, saw Mauriac again! I read his article every morning . . . he was on a motorbike . . . how about that! . . . a praying mantis on a bike! . . . a nun's bike! . . . with coif! . . . to hide his deformity! . . . he was off to pick up Claudel[60] . . . they were both leaving for the East! . . . Communist bloc! . . . were going to set up a defense against it! united! united! sword in hand! the works! 'we didn't go in '14, we'll go in '74' . . . to head east, had to go down the Champs-Elysées! . . . if there were people! . . . they'd recruit! . . . they handed out weathervanes, gratis! and that crowd at the Théâtre Français![61] bore them in triumph! . . . for their wealth, their piety and their resourcefulness! and for the *Ode*![62] Claudel as a nun! the Théâtre Français was the East for them! compared to their newspaper . . . how they did respond! each one! . . . the triumph they were being honored with! . . . truly unforgettable scenes! . . .

faisait !... des scènes vraiment inoubliables !... « on a l'habitude !
qu'ils disaient... on les a eus !... on les aura !... »

J'étais en pleine digression ! loin de mon sujet !... mon Colonel
perdait le fil... vite à mon histoire ! mon histoire !... ma propre
histoire !... les dons que j'avais reçus, moi, du Ciel !... pourtant
tous les tons j'avais insisté !... des dons vraiment extraordinaires !
j'y avais fait répéter cent fois !... basta, qu'il se souvienne ! que
c'était moi le vrai seul génie ! le seul écrivain du siècle ! la preuve :
qu'on parlait jamais de moi !... que tous les autres étaient jaloux ! Nobel, pas Nobel ! qu'ils avaient tous essayé de me faire
fusiller !... et que je les emmerdais d'autant !... à mort ! puisque
c'était question de mort entre moi et eux !... que je leur ferai sau-
ter leurs lecteurs ! tous leurs lecteurs ! que je les ferai se dégoûter
de leurs livres ! cabales, pas cabales ! qu'il y avait pas de place
pour deux styles !... c'était : le mien ou le leur !... le crawl ou la
brasse !... vous pensez !... le seul inventeur du siècle ! moi ! moi !
moi là, devant lui ! le seul génial, qu'on pouvait dire ! maudit pas
maudit !...

« Écoutez-moi encore un peu, monsieur le Colonel Réséda !
vous irez uriner plus tard ! le grand libérateur du style ? toute
l'émotion du « parlé » a travers l'écrit ? c'est moi ! c'est moi ! pas
un autre ! vous me comprenez, Colonel ?

— Ah ? ah ? »

Quel être bouché !

Je vous ai pas fait la description de ce Réséda bouché... si
obtus !... l'aspect qu'il avait... sa taille... son visage... non !
non !... vous diriez c'est tel ! ou tel !... je l'ai pas imaginé non
plus !... on aura beau dire ! il a parfaitement existé !... il avait les
moustaches teintes... les sourcils aussi... il était à peu près de ma
taille...

« Colonel, voyons !... mon style « rendu émotif »... revenons à
mon style ! pour être qu'une petite trouvaille, je vous l'ai dit,
c'est entendu, ébranle quand même le Roman d'une façon qu'il
s'en relèvera pas ! le Roman existe plus !

— Il existe plus ?

— Je m'exprime mal !... je veux dire que les autres existent
plus ! les autres romanciers !... tous ceux qu'ont pas encore appris à écrire en « style émotif »... y a plus eu de nageurs « à la
brasse » une fois le crawl découvert !... y a plus eu de « jour

'we're used to it!' they'd say . . . 'we beat them once! . . . and we will do it again! . . .'"

I was in full digression! far from the subject! . . . my colonel was losing track . . . rapidly, of my story! my story! . . . my own story! . . . the gifts that I had personally received from Heaven! . . . yet I had insisted, every time! truly extraordinary gifts! I'd made him repeat them a hundred times! . . . enough so he'd remember! that I was the only true genius! the century's only writer! the proof: that no one ever spoke of me! . . . everyone was jealous! Nobel! no Nobel! they had all joined forces to have me executed! . . . they could just go fuck off! . . . drop dead! since it was a question of death between me and them! I'll send their readers packing! all their readers! I'll make the public grow sick of their books! cabal, no cabal! since there was no room for two styles! . . . it was mine or theirs! . . . crawl or breaststroke! . . . you understand! . . . the only inventor of the century! is me! me! me right here! the only genius, you might say! damned or not! . . .

"Listen to me just a bit more, dear Colonel Réséda! you'll go take your leak later on! later on! the great liberator of style? all the emotion of the 'spoken' through the written form? that's me! that's me! no one else! do you understand me, Colonel?"

"Ah? Ah?"

What a constipated creature!

I haven't given you a description of this plugged up Réséda . . . so obtuse! . . . his appearance! . . . his shape! . . . his face! . . . no! no! . . . you'll be saying he looks like this! like that! . . . I did not create him in my imagination either! . . . no use saying so! he certainly existed . . . he dyed his moustache . . . eyebrows too, roughly my build . . .

"Colonel, see here! . . . my 'emotive yield' style . . . let's get back to it! despite being a modest discovery, as I told you, take that for granted, it does shake up the Novel even so in such a way it will not recover! the Novel no longer exists!"

"It no longer exists?"

"I express myself badly! . . . I mean that the others no longer exist! the other novelists! . . . all those who have not yet learned to write in 'emotive style' . . . breaststrokers disappeared once the crawl was discovered! . . . studio light was no longer pos-

d'atelier » possible, plus de « Radeau de la Méduse » possible, une fois le « Déjeuner sur l'herbe » ! vous me saisissez, Colonel ?... les « attardés » se défendent, bien sûr !... mille convulsions, et qu'ils sont méchants agoniques pas approchables ! et attention ! pire, Colonel ! pire ! ma petite découverte bouleverse pas seulement le roman !... le cinéma capote de même ! parfaitement ! elle fout en l'air le cinéma ! oui ! lui-même ! il existera plus ! agonique qu'il est depuis toujours ! né agonique ! ectoplasmique !... nous dirons : sinistre !... la fin des écrans, Colonel !... je vous l'annonce ! »

Il se retrifouillait la braguette... en fait de m'écouter ! là vraiment les gens regardent...

« Ah, allez-y ! allez-y vite ! »

Y avait pas loin... vingt... trente mètres... il se lève... il me jette :

« Vous écrivez rien ?... »

Il écrivait plus lui, le salaud !

« Non !... c'est pas la peine !...

— Vous vous souviendrez ?

— Vous allez pas être si longtemps ?

— Oh, quand même... cinq... six minutes !

— Ça va pas ?

— Je suis un peu inquiet en ce moment...

— Ah ?

— Je suis un petit peu prostatique...

— Je pourrais vous faire un « toucher »... mais pas dans ce square !... plus tard !... plus tard ! »

Il croit que je plaisante... il hausse les épaules... il s'en va... il boite... il part... je reste assis... je pense à tout ce qu'on s'est raconté... je me souviens de tout... au mot à mot !... c'est pas beaucoup à se vanter d'avoir la mémoire phénomène... vous êtes tout encombré de souvenirs qu'il vous faut ruminer, classer... et là... tous comptes faits... mis ensemble... des vraiment pas brillants souvenirs... et si vous avez le don des langues ? en plus ?... si vous en parlez deux... trois... quatre... langues étrangères ?... qui sont aussi dans votre souvenir ?...

Le Colonel pissait toujours... je pensais à tout ce qu'on s'était dit... et puis à des faits rigolos à propos de mémoire... j'ai eu une belle-mère qui était encore bien plus douée que moi... à quatre-vingts ans elle se souvenait très exactement de tous les numéros de tous les fiacres qu'elle avait eu l'occasion de prendre... pas

sible, no more *Radeau de la Méduse*[63] possible once the *Déjeuner sur l'herbe*[64] appeared! are you with me, Colonel? . . . those behind the times put up a squawk, of course! . . . a thousand convulsions, impossible to approach the ill-tempered in their death throes! and watch out! worse yet, Colonel! worse yet! my little discovery overturns not only the novel! films take a dive as well! absolutely! it bollixes them up proper! they won't survive! in their death throes, as always! born in the throes! ectoplasmic! . . . we'll say: sinister! . . . the end of the silver screen, Colonel! that's my pronouncement!"

He was fumbling around with his fly again . . . while listening! now people were really looking our way . . .

"Oh, go on! go on quick!"

It wasn't far . . . twenty . . . thirty yards . . . he gets to his feet . . . mutters: "You're not writing?"

The bastard, he wasn't writing any more!

"No! . . . not worth the trouble! . . ."

"Will you remember? You're not going to take that long?"

"Oh, even so . . . five . . . six minutes!"

"You're not well?"

"I'm a bit anxious right now . . ."

"Oh?"

"Prostate acting up a bit."

"I could take a look . . . but not in the park! . . . later on! later on!"

He thinks I'm kidding . . . shrugs his shoulders . . . totters off . . . bowed like a cowboy . . . he leaves . . . I remain seated . . . thinking about all we've said . . . I remember it all . . . word for word! . . . it's not much to brag about, having a phenomenal memory . . . you get all cluttered up with memories that must be ruminated, filed . . . and then . . . all things considered . . . put together . . . some truly not-so-hot memories . . . and if you have a flair for languages? to boot? . . . if you speak two . . . three . . . foreign languages? . . . also in your memory? . . .

The colonel was still pissing away . . . I was thinking about what we had said to each other . . . and then about ridiculous facts concerning memory . . . I had had a mother-in-law who was even more talented than me . . . at age eighty she could recall completely all the numbers of all the hacks she had happened to

seulement avec sa maman visitant Paris... mais plus tard encore, voyageant, voyageant... les numéros de toutes les voitures !... en Russie, en Perse, en Hollande... elle avait appris cinq six langues sans s'apercevoir... en voyageant... sans effort !... trois, quatre semaines dans chaque pays... sans s'apercevoir ! moi je mettais un certain temps à apprendre les langues... elle, pas !... je pensais à elle, là sur le banc... ce qu'elle était devenue ? quel âge elle pouvait avoir ?... cent dix ?... cent vingt ans ?... je calculais... au moment juste !... Réséda surgit !... il me surprend !... je songeais...

« Colonel, c'est vous ?... vous avez fini ?... ça va mieux ?

— Oui !... oui !... mais dites donc ? »

Il attaque.

« Votre affaire ?... votre truc émotif ? puisque c'est de l'émotion parlée... si je comprends bien ?... si je comprends bien ?... pourquoi vous dictez pas vos livres au lieu de les écrire ?... directement !... tout simplement ! »

Il avait trouvé la poloche !... je le laisse le finaud ! je le laisse me convaincre...

« Y a des dictaphones merveilleux !... dites !... vous savez pas ?... des microsillons fantastiques !... »

Je le regardais... il se tripotait plus la braguette...

« Des dictaphones merveilleux ! »

Il avait peur que j'aie pas compris...

« Et vous Colonel ?... vous pouvez peut-être m'écouter ?... maintenant ?... maintenant que vous avez fait pipi ?

— Oui !

— Eh bien, je vais vous dire... tout vous dire !... tous vos systèmes dictaphones, jabotophones, microsillants, valent pas tripette ! toute cette mécanique tue la vie ! m'entendez-vous ? « anti-vie » ! amusettes pour Morgues !... vous me comprenez, Colonel ?... la machine à écrire, itou !... kif, le Cinéma !... kif, votre Télévice !... autant de branlettes mécaniques !... je veux pas vous vexer, Colonel !... partez pas !... partez pas ! vous sauvez pas ! »

Il se vexe !

« Je vous donne que mon avis !

take . . . not only visiting Paris with her mama . . . but later on,
traveling here and there . . . the numbers of all her carriages! . . .
in Russia, in Persia, in Holland . . . she had learned five six languages without even noticing . . . traveling . . . effortlessly! . . .
three, four weeks in each country . . . without even noticing! it
took me a little while, myself, to learn languages . . . not her! I
thought about her while perched on my bench there . . . what
had happened to her? How old must she be? . . . a hundred ten?
. . . hundred twenty? . . . I was calculating it up . . . just that
moment . . . Réséda reappears! . . . he surprises me! . . . I was
dreaming away . . .

"Colonel, that you? . . . you done? . . . feel better?"

"Yes! oh, yes! . . . but tell me!"

He attacks.

"Your invention? . . . your emotive gimmick! since it is spoken
emotion . . . if I understand correctly? . . . do I understand correctly? . . . how come you don't dictate your books instead of
writing them? . . . directly! . . . so much simpler!"

He was sailing into battle! . . . I let him sail on, the sly fox! I let
him convince me . . .

"There are marvelous dictaphones! . . . you know! . . . don't
you? . . . fantastic microgrooves! . . ."

I looked at him . . . he wasn't diddling with his fly any
more . . .

"Marvelous dictaphones!"

He was afraid I had not understood . . .

"How about you, Colonel? . . . could you maybe listen to me a
bit? . . . now that you've had your leak?"

"Yes."

"Well, I'm going to tell you . . . tell you everything! . . . all
your dictaphones, microgrooves, blabberphones, aren't worth
squat! all that mechanics kills off life! you know what I mean?
'anti-life!' toys for a bunch of stiffs! . . . you understand me,
Colonel! . . . and throw in the typewriter! . . . the movies! . . .
and your televice to boot! just so many pacifiers, vibrators! . . . I
don't want to annoy you, Colonel! . . . don't leave! . . . don't
leave! don't take off!"

He is getting angry!

"I'm just telling you my opinion!"

— Et votre invention, vous alors ?

— Moi c'est autre chose !... moi, je suis autrement plus brutal !... moi, je capture toute l'émotion !... toute l'émotion dans la
surface ! d'un seul coup !... je décide !... je la fourre dans le
métro !... mon métro !... tous les autres écrivains sont morts !...
et ils s'en doutent pas !... ils pourrissent à la surface, enbandelés
dans leurs chromos ! momies !... momies tous !... privés d'émotion ! leur compte est bon... »

Il me regarde...

« Vous voulez retourner faire pipi ? »

Je lui propose...

Non !... il veut pas ! il louche... il est perplexe... il louche plus...

« Vous voulez retourner faire pipi ? »

Non ! si je lui parlais un peu d'autre chose ?

« Vous écrivez plus Colonel ?... vous prenez plus de notes ?...
vous vous en foutez ?

— Non ! »

Notre interviouve tourne en couilles...

« Et votre manuscrit ? vous ne parlez pas de votre manuscrit ?
vous ? »

Je veux le ranimer cet imbécile !

« Il est pas encore publié !

— C'est qu'un détail !... ils en publient cinq cents par an !... »

Ah ! ah ! je l'intéresse !

« Il va l'être !... il va l'être, croyez, Colonel !... il va l'être si je
m'en occupe !... si je vous pistonne à Gaston !... est-il « chromo »
votre manuscrit ?... dites-le ! dites-moi tout !

— Un peu... un petit peu...

— Est-il un peu tendancieux ?

— Comment ? comment ?

— Un petit peu ci... un petit peu ça ? un petit peu tout de
même « engagé » ? mais pas tellement ! un petit peu « curé » peut-
être ? sur le bord ?... pas trop !... oh, pas trop ! un petit peu
gidien ?

— Oh, oui...

— Sans excès ?

— Non ! non !

— Ou tout à fait ?

"Well, what about your invention then, tell me!"

"That's not the way I do it! . . . I'm more brutal, but not like that! I seize all emotion as it passes! . . . all the emotion at street level, all at once! . . . I make up my mind! . . . I shove it onto the subway! . . . my subway! . . . other writers are dead! . . . and don't realize it! . . . they're rotting at the surface, all wrapped up in their pop stuff! mummies! . . . mummies the whole lot! stripped of emotion! they've really had it . . ."

He looks at me . . .

"You want to go back for another leak?"

I suggest . . .

No! he doesn't want to! he squints . . . perplexed . . . stops squinting . . .

"You want to go back for another leak?"

No! suppose I changed the subject?

"Aren't you writing any more, Colonel? . . . no more notes? . . . don't you give a damn?"

"No."

Our interview is going to pot . . .

"What about your manuscript? you don't talk about your manuscript! hey! you!"

I want to spark up the old idiot!

"It's not published yet!"

"Details! . . . they publish five hundred a year! . . ."

Aha! that perks up his ears!

"It'll get published! . . . it'll get there, believe it, Colonel! . . . it'll get published if I take care of it! . . . if I pull some strings for you, with Gaston! . . . Is it pop stuff, your manuscript! . . . tell me! tell me everything!"

"A little . . . yeah . . . a little bit . . ."

"Is it a little biased?"

"How's that? how's that?"

"A little bit this way . . . a little bit that way! and yet a little bit of 'commitment?' but not so much! a little bit 'churchy' around the edges! . . . not too! . . . oh, not too! a little bit of gay life?"

"Oh, yes . . ."

"No excess?"

"No! no!"

"Or entirely?"

— Avec des nuances... beaucoup de nuances !...

— Bon !... est-ce qu'on peut dormir en le lisant ?

— Oh, oui !

— Vous êtes certain ?

— Ma femme le lit tous les soirs...

— Et elle s'endort ?

— Oui !

— Bien ! je vais le recommander à Gaston !

— Il lit tout lui-même monsieur Gallimard ?

— Plutôt son Comité de Lecture !

— Ils lisent en dormant ?

— Oui, ils ont lu le *Voyage* comme ça...

— Ils lui ont donné une bonne note ?

— Oh, pas mauvaise... mais en retard... c'est un autre qui l'a publié...

— Qu'est-ce qu'ils faisaient, eux ?

— Ils ronflaient...

— C'est étrange !...

— Non, c'est pas étrange !... y a que les « crève-la-faim » qui sont réveillés, les autres dorment... tous les gens sûrs du lendemain dorment... on les voit partout, en auto, au bureau, à la campagne, en ville, dans le monde, en croisière... ils se font balader beaucoup... blablater beaucoup, ils ont l'air de faire quelque chose, ils font rien, ils dorment...

— Mais vous alors, monsieur Céline, qui vous faites entendre par Gaston... vous avez une sorte de secret ! vous le réveillez ! quel genre d'homme donc est ce Gaston ? »

Il me cuisine !

« Monsieur Gallimard est fort riche !

— Ah ?

— Nul besoin d'en savoir plus ! le reste on s'en fout ! est-il toujours riche ? ça va !... il peut beaucoup !... il est ruiné ?... il peut plus rien ! il nous embête !

— Il est toujours riche, vous croyez ?

— Oui... oui, je crois...

— Pourquoi ?... pourquoi ?

— Il se plaint beaucoup... c'est très bon signe... son Conseil d'Administration lui mène la vie dure, qu'il dit !... très bon signe aussi !... jérémiades de très bon aloi !

"Some traces . . . a lot of traces! . . ."

"Fine! . . . can you fall asleep while reading it?"

"Oh, yes!"

"You're sure?"

"My wife reads it every evening . . ."

"And she falls asleep?"

"Yes."

"That has promise! I'll recommend it to Gaston!"

"Does he read everything himself, Mr. Gallimard?"

"Generally his reading committee!"

"Do they read while asleep?"

"Yes, that's how they read my *Journey* . . ."

"They scored it high?"

"Oh, not badly . . . but late . . . somebody else published it . . ."

"What were they doing?"

"Snoring . . ."

"That's strange! . . ."

"No, I don't find that strange! . . . the only ones who are really awake, they're the down-and-outers, the others sleep . . . all those sure of their next meal, they sleep . . . you see them everywhere, in cars, at the office, in the country, downtown, at parties, on cruises . . . they gad around a lot, blather a lot, pretend to be busy, but they do nothing, they sleep . . ."

"Well, how about you then, Mr. Céline, who have a hold on Gaston's ear . . . you're in on the secret! you awaken him! what sort of man is this Gaston?"

He's grilling me!

"Mr. Gallimard is quite wealthy!"

"Ah?"

"That's all you need to know! the rest doesn't matter! is he still wealthy? pretty much! . . . he's a man of power! . . . he's bankrupt? . . . powerless! he's a bore!"

"You think he's still rich?"

"Yeah . . . yeah, I think so . . ."

"Why is that . . . why?"

"He complains a lot . . . a very good sign . . . his Board of Directors gives him a hard time, he tells me! . . . very good sign too! . . . jeremiads of sound reasoning!"

— Il peut faire beaucoup pour moi ?

— Tout ce qu'il veut ! pardi ! pardine ! il peut faire de vous, en six mois, le plus grand écrivain du siècle !

— Comme vous ?

— Bien plus grand que moi !

— Comment ?

— C'est son affaire !

— Ce qui m'interloque... vous me permettez ?... vous permettez ?...

— Mais oui ! mais oui ! permettez-vous !

— Je vais vous poser une question... pourquoi vous, le plus grand écrivain du siècle, l'inventeur du style que vous dites, le Bouleverseur des Lettres Françaises... le Malherbe actuel en somme ! *enfin Céline vint*, c'est bien ça ?

— Oui ! oui ! c'est exact !

— Pourquoi Monsieur Gallimard ne fait-il jamais parler de vos livres ?

— Il a son idée !... son idée tactique !... il en fera parler quand je serai mort !

— Il vous survivra ?

— J'ai l'impression... il se fatigue pas...

— Mais pour le présent ?... tant que vous vivez ?... qu'est-ce qu'il fait de vos livres ?...

— Il les enfourne dans sa cave !... il les cache bien... avec des milliers... milliers d'autres !... il stocke !

— Il stocke les manuscrits aussi ?

— Parbleu ! bien sûr ! bien sûr !

— Mon manuscrit ?

— Certainement !

— Ah, là !... ah, là !... là !...

— Vous dandinez pas de cette façon, Colonel ! vous me saoulez !...

— Je vous saoule ?

— Allez pisser, je vous attends ! »

Il a trop envie, le cochon !... mais il veut pas... mais il résiste !...

« Nous en avons peut-être fini ?

— Oh non Colonel ! oh non ! justement voilà le moment le plus pathétique !

— Ah ?

"He can do a lot for me?"

"Anything he wants! b'God! b'Goddess! he can turn you, in six months, into the biggest writer of the century!"

"Like you?"

"Lot bigger than me!"

"How?"

"That's his business!"

"What baffles me . . . may I say this? . . . may I?"

"Of course! of course! help yourself?"

"I'm going to ask you a question . . . why is it that you, the greatest writer of the century, the inventor of a style, as you say, the overthrower of French Letters . . . in short, today's Malherbe![65] 'enfin Céline vint,' that's right isn't it?"

"Yes, of course, quite right!"

"Why, then, does Mr. Gallimard never publicize your novels?"

"He has his own way! . . . his own tactics! . . . he'll publicize them after my death!"

"Will he survive you?"

"I have that impression . . . he doesn't wear himself down . . ."

"But for the moment? as long as you're still alive? . . . what does he do with your books?"

"He stashes them away in his basement! . . . he hides them well . . . with thousands and thousands of others! . . . stockpiling!"

"Does he stockpile manuscripts as well?"

"You bet! of course he does!"

"My manuscript?"

"Without a doubt."

"Oh, dear! . . . oh, dear! . . . dear! . . ."

"Don't waddle around like that, Colonel! you make me dizzy! . . ."

"I make you dizzy?"

"Go take a leak, I'll wait for you!"

The slob, he really needs to go! . . . but he doesn't want to . . . holds back! . . .

"Have we finished with this, maybe?"

"Oh, no, Colonel! oh, no! we've just gotten to the most touching moment!"

"Ah?"

— Vous prenez plus de notes ? »

Le moment de mon trait de génie !

« Ah !

— Ah !... il y a pas de « ah » ?... sautez pisser et revenez ! ouste !

— Non !... je préfère !... je pisserai après !... si la pissotière était prise ?... »

Voilà un prétexte !

« Vous ergotez, Colonel !... bon !... vous voulez pisser plein votre froc ? à votre aise ! je vous termine mon histoire !

— Oui, vite !... oui, vite !

— Voilà !... Blaise Pascal !... vous vous souvenez de Blaise Pascal ?...

— Oui !... oui !

— La révélation qu'il a eue sur le Pont de Neuilly ?... ses chevaux emballés ?... son carrosse versé ?... une roue emportée ?... qu'il a bien failli boire la goutte ?

— Ah, oui !... ah, oui !...

— Vous vous souvenez ? »

Il était assis... il tenait plus... il se relevait... il se retripotait l'entrejambe... je l'empêchais d'aller !... mais non !... mais non !

« Allez-y !

— Ah, oui !... Blaise Pascal ! »

Il se souvenait...

« Celui des *Pensées* ?

— Exactement ! exactement, Colonel ! celui qui voyait plus qu'un gouffre ! toujours un gouffre !... depuis ce jour-là !... du coup de la frayeur !... le gouffre à sa droite !...

— Oui, à sa droite ! »

Il répétait tous mes mots...

« Allez pisser, Colonel !

— Oh non ! oh non ! non !

— Bon ! comme vous voulez ! le gouffre à sa droite !

— A sa droite !

— Et puis en l'air, Colonel ! en l'air après ! *Les espaces infinis m'effraient !* de Pascal aussi, Colonel ! une sacrée pensée de Pascal !... vous vous souvenez ?

— Oui ! oui ! oui !

"Aren't you taking notes any more?"

The moment of my stroke of genius!

"Ah!"

"Ah! . . . 'ah's' don't count? hop over for another leak and come back! shake a leg!"

"No! . . . I prefer! . . . I'll piss later! . . . suppose the pissoir is busy? . . ."

Some pretext!

"You're quibbling, Colonel! . . . okay! . . . you want to piss a pantful? go right ahead! I'll finish my story for you!"

"Yes, quick! . . . yes, quick!"

"Here it is! . . . Blaise Pascal![66] . . . you remember Blaise Pascal? . . ."

"Yes! . . . yes!"

"The revelation he had on the Pont de Neuilly? . . . his horses stampeding? . . . his carriage overturned? . . . a wheel thrown off? . . . when he came so close to drowning?"

"Ah, yes! . . . ah, yes! . . ."

"You do remember?"

He was sitting down . . . couldn't stand it any longer . . . got to his feet . . . fumbled around between his legs . . . I was preventing him from going! . . . why no! . . . why no!

"Take off!"

"Ah, yes! . . . Blaise Pascal!"

He remembered.

"The one with the *Thoughts*?"

"That's right, Colonel! so right! the one who could see only an abyss! . . . from that day on! . . . from the shock of his fright! . . . the abyss on his right! . . ."

"Yes, on his right!"

He kept on repeating my words . . .

"Go piss, Colonel!"

"Oh, no! oh, no! no!"

"Okay! as you will! the abyss on his right."

"On his right!"

"And then in the sky, Colonel! in the sky afterward! 'Infinite spaces terrify me!' that's from Pascal too, Colonel! a terrific thought of Pascal! . . . do you remember?"

"Yes! yes! yes!"

— Ça y avait transformé la vie ce terrible accident du pont !...
de fond en comble ! libéré le génie ! son génie !...

— Ah ?

— Oui, Colonel !... moi ! regardez-moi, Colonel ! Je suis un
type dans le genre de Pascal...

— Pas possible ?

— Si ! si !... je vous le dis !... nom de Dieu ! regardez-moi ! »

Il se dandinait de plus en plus... en même temps qu'une de ces
grimaces !... il souffrait... il en pouvait plus... je peux dire là que
les gens nous remarquaient... l'urine lui dégoulinait des jambes...
plein le sable !... il dandinait dans sa flaque... je lui foutais un
coup de boule dans le chou ?... supposition ?... il allait à dame !...
il me débarrassait ! mais mon interviouve alors ?... qui était presque terminée !... plus que quelques mots ?...

« Vous voulez pas aller pisser ? absolument ? bon !... soit !... retenez au moins bien ceci : le fait historique, Colonel !... toute la
valeur de l'interviouve !... qu'on ait pas travaillé pour rien ! j'ai
éprouvé moi aussi !... exactement !... ou à peu près... le même
effroi que Pascal !... le sentiment du gouffre !... mais moi c'est pas
au pont de Neuilly... non ! ça m'est arrivé au métro... devant les
escaliers du métro... du Nord-Sud !... vous entendez Colonel ?...
du Nord-Sud !... la révélation de mon génie, je la dois à la station
« Pigalle » !...

— Comment ?... comment ?... »

Il se dandine toujours... maintenant vraiment on nous épie...
du banc à côté... de l'autre plus loin... tant pis !... tant pis !...

— Donc, Colonel, vous m'écoutez ! je vous disais qu'en ce
temps-là... non ! je vous l'ai pas dit !... je vous le dis !... je menais
une vie agitée... j'avoue... assez agitée... je fonçais d'un bout à
l'autre de Paris, pour un oui... un non... à pied, en métro, en
voiture... oui !... voilà comme j'étais... pour une dame qui me
voulait du bien... pour une dame qui m'en voulait pas... et pour
des raisons plus sérieuses... ah, oui !... plus sérieuses !... je con-
sultais ici et là... en particulier, je devais me rendre à Issy presque
chaque matin, pour une consultation d'usine... et je demeurais à
Montmartre !... vous vous rendez compte !... chaque matin !...

"That had transformed his life, that awful accident on the bridge! . . . top to bottom! freed up genius! his genius! . . ."

"Ah?"

"Yes, Colonel! . . . and myself, take a look at me, Colonel! I'm not unlike Pascal!"

"Could that be possible?"

"Course it could! . . . I'm telling you! . . . God's sake! look at me!"

He was waddling around more and more . . . with such a grimace on his face! . . . he was suffering . . . couldn't take it any longer . . . I can say that now people were noticing us . . . urine was streaming down his legs . . . the gravel soaking it up! . . . he was wallowing in his own puddle! . . . should I charge headlong into him! . . . and if I did? . . . he'd go ass over teakettle! . . . I'd be rid of him! but what about my interview then? . . . which was nearly done! . . . just a few more words? . . .

"You don't want to go piss? you sure? fine! . . . so be it! . . . just keep this firmly in your mind at least: the historic fact, Colonel! . . . the whole value of the interview! . . . so we won't have worked for nothing! I had that same experience myself! . . . exactly! . . . or thereabouts . . . the same fright as Pascal had! . . . the feeling about the abyss! . . . but mine was not on the Pont de Neuilly . . . no! it all happened to me at the metro . . . facing the stairway down . . . North-South line! . . . you with me, Colonel? . . . North-South line! . . . I owe the revelation of my genius to the Pigalle[67] station! . . ."

"How's that? how's that? . . ."

He's still waddling around . . . now we really are being stared at . . . from the next bench . . . and the other, further on . . . too bad! . . . too bad! . . .

"So, Colonel, you are listening to me! I was saying that at that time . . . no! I did not tell you! I am telling you! . . . I was leading an eventful life . . . I admit . . . fairly eventful . . . I charged from one end of Paris to another, at the drop of a hat . . . on foot, in the metro, by car . . . yes! . . . the way I was . . . for a lady who wished me well . . . for another who didn't . . . and for more serious reasons . . . oh, yes! . . . more serious! . . . I gave consultations here and there . . . particularly at Issy[68] almost every morning, for a factory visit . . . and I lived in Montmartre! . . . so you

Pigalle-Issy ! l'autobus ?... une fois, deux fois... ça va !... mais
tous les jours ? ça fait réfléchir : tous les jours ! je vous assure !...
la meilleure façon ?... métro ? vélo ? autobus ?... je prenais le
métro ?... j'y allais en vélo ?... ou à griffe ?... oh, là que j'ai
hésité !... tergiversé... rerenoncé... le noir métro ? ce gouffre qui
pue, sale et pratique ?... le grand avaloir des fatigués ?... ou je
restais dehors ? je bagottais ? *be not to be ?*... l'autobus ?... l'autobus ?... cet angoissé monstre grelottant hoquetant... bégayeur à
chaque carrefour ?... qui perd des heures à être poli... à pas
écraser la rombière... à attendre que dessous son pare-choc se dé-
pêtre le triporteur venu s'y foutre !... père de famille de six en-
fants... ou je fonçais à pied ?... par les rues ? *une ! ! deux ! !*... Issy
à pied ? sportif de sportif ? c'était le dilemme ! les profondeurs
ou la surface ? ô choix d'Infinis ! la surface est pleine d'intérêt !...
tous les trucs !... tout le Cinéma... tous les plaisirs du Cinéma !...
pensez !... pensez !... les minois des dames, les postères des dames,
et toute l'animation autour ! les messieurs qui piaffent !... l'écla-
boussement des vanités !... la concentration des boutiques !... les
bariolages, les étalages !... milliards à gogo !... le Paradis en
« étiquettes » !... à tant l'objet ! à tant le kilo !... femmes ! par-
fums ! comestibles de luxe ! les convoitises !... « Mille et trente-
six Nuits » chaque vitrine !... mais attention ! ensorcellures ! vous
voilà film... transformé film ! film vous-même ! et un film c'est
que des anicroches ! de bout en bout !... qu'anicroches !... pertes
de temps ! carambolages !... cafouillades !... mélimélo !... flics,
vélos, croisements, déviations, sens, contre-sens !... stagnation !...
zut ! Boileau s'y amusait encore... il serait écrasé de nos jours...
foutre des rimes !... le Pascal, dans une « deux chevaux », je
voudrais le voir un peu du Printemps à la rue Taitbout !... c'est
pas un gouffre qu'il aurait peur !... vingt abîmes ! la Surface est
plus fréquentable !... la vérité !... voilà !... alors ?... j'hésite pas
moi !... c'est mon génie ! le coup de mon génie ! pas trente-six
façons !... j'embarque tout mon monde dans le métro, pardon !...
et je fonce avec : j'emmène tout le monde !... de gré ou de
force !... avec moi !... le métro émotif, le mien ! sans tous les in-
convénients, les encombrements ! dans un rêve !... jamais le
moindre arrêt nulle part ! non ! au but ! au but ! direct ! dans
l'émotion !... par l'émotion ! rien que le but : en pleine émotion...
bout en bout !
    — Comment ?... comment ?

see! . . . every morning! . . . Pigalle-Issy! by bus? . . . once, twice
. . . okay! . . . but every day? it gives pause: every day! I assure
you! . . . the best way? . . . metro? bike? bus? . . . should I take
the metro? . . . go by bike? . . . by shank's mare? . . . how I did
hesitate! . . . shilly-shally . . . decide and undecide . . . the bleak
metro? a reeking pit, dirty, practical, that swallows up the weary,
I had to get to Issy . . . down under or on the surface? hoofing it?
be or not to be? bus? . . . bus? . . . that anguished monster,
quivering, spasmodic . . . stammering at every crossroad? . . .
wasting hours at being polite, at not running down some old bag
. . . waiting for the delivery bike to be disentangled from its front
bumper! . . . and the rider, father of six . . . or should I charge
along on foot? . . . through the streets! hup!! two!! three!! four!!
. . . Issy on foot! a jogger's waltz! dilemma! down under or the
streets? oh, choice between two infinites! the surface is alive with
interests! . . . every gimmick! . . . the whole cinema! marquee
pleasures! . . . just think! . . . think! the women's pretty faces,
and asses, the animation that surrounds them! gentlemen pranc-
ing about! vanities splattered everywhere! . . . rows of boutiques!
. . . gaudy colors, displays! . . . choices galore! . . . Paradise with
price tags! . . . so much per item! . . . so much per pound! . . .
women! perfumes! luxuries! lustings! . . . *Thousand and One
Nights*, times two, every storefront! but careful! bewitchery![69]
everything is film, you're a film . . . transformed! become a film!
and a film's nothing but snags, end to end! . . . hitches! . . . lost
time! . . . collisions! . . . shambles! . . . mix-ups! . . . cops, bikes,
intersections, detours, this way, that way! bottlenecks! . . . grief!
Boileau still enjoying the streets . . . be crushed nowadays . . . to
hell with his rhymes! . . . old Pascal, in a jalopy, I'd like to see
him make out, Place de la Concorde at rush hour! . . . more than
his abyss'd give him a scare! . . . even twenty abysses! the Surface
is hardly livable! . . . it's true! so I don't hesitate, not me! . . . my
genius in action! no formalities! . . . I ship all my friends off on
the metro, correction! I take everybody, willy-nilly, with me! . . .
charge along! . . . the emotive subway, mine in a dream! no draw-
backs, nor congestion! . . . never a stop, nowhere! . . . straight
through! destination! in emotion! . . . powered with emotion!
only the goal in sight: full emotion . . . start to finish!"
    "How's that again?"

— Grâce à mes rails profilés ! mon style profilé !

— Oui !... oui !

— *Exprès profilés !*... spécial ! je les lui fausse ses rails au métro, moi ! j'avoue !... ses rails rigides !... je leur en fous un coup !... il en faut plus !... ses phrases bien filées... il en faut plus !... son style, nous dirons !... je les lui fausse d'une certaine façon, que les voyageurs sont dans le rêve... qu'ils s'aperçoivent pas... le charme, la magie, Colonel ! la violence aussi !... j'avoue !... tous les voyageurs enfournés, bouclés, double-tour !... tous dans ma rame émotive !... pas de chichis !... je tolère pas de chichis ! pas question qu'ils échappent !... non ! non !

— Vous voyez ça ! vous voyez ça !

— Et toute la Surface avec moi ! hein ? toute la Surface ! embarquée ! amalgamée dans mon métro ! tous les ingrédients de la Surface ! toutes les distractions de la Surface ! de vive force ! je lui laisse rien à la Surface !... je lui rafle tout !...

— Ah !... ah !...

— Non, Colonel !... non, parfaitement !... tout dans mon métro émotif !... les maisons, les bonhommes, les briques, les rombières, les petits pâtissiers, les vélos, les automobiles, les midinettes, les flics avec ! entassés, « pilés émotifs » !... dans mon métro émotif ! je laisse rien à la Surface !... tout dans mon transport magique !...

— Ah ?... ah ?...

— A la violence !... vous êtes le magicien ? oui ?... non ? alors que votre charme opère !... certains lecteurs récalcitrent ? la trique, Colonel ! qui préfèrent le cinéma ? la trique !... qui préfèrent le chromo ? la trique !... vous êtes le maitre des sortilèges... vous leur prouvez les enfermant bouclant double-tour ! vous entendez être obéi !... le langage parlé à travers l'écrit !... votre invention ! pas d'histoires ! « Pigalle-Issy » sans obstacle !... pas de considérations permises ! dans l'enchantement !... vous tolérez pas d'esprits forts ! de dialecticiens par exemple ! plus un carrefour, plus un feu jaune, plus un flic, plus une paire de fesses à la traîne ! vous me comprenez, Colonel ?

— Oui !... oui !

— Plus un camion qui vous harponne ! l'artiste que vous êtes ! votre métro s'arrête à rien !... vous vous êtes profilé un style !

— Un style ? un style ?

— Oui, Colonel !... le style au plus sensible des nerfs !

"Thanks to my streamlined rails! my streamlined style!"

"Yes! . . . yes! . . ."

"Streamlined on purpose! . . . special! the metro and its rails, I bend them! I do, I admit! its rails so rigid! . . . I give them a helluva twist . . . all it takes! . . . its style, shall we say! . . . I distort them one certain way, so the passengers, daydreaming along . . . don't notice . . . the sorcery, the magic, Colonel! the violence also! . . . admittedly! . . . all the passengers enclosed, locked in, double-bolted! everybody in my emotive cars! . . . no fuss! . . . I don't put up with fuss! no question of their escaping! . . . no! no!"

"You imagine that! you imagine that!"

"And the whole Surface comes with me! you see! the whole Surface! on board! amalgamated on my metro! all the Surface ingredients! all the distractions of the Surface! by sheer force! I leave the Surface nothing! . . . I make off with it all! . . ."

"Ah! . . . ah! . . ."

"No, Colonel . . . absolutely no! . . . everything into my emotive metro! . . . houses, guys, bricks, broads, pastry cooks, bikes, cars, shopgirls, cops as well! heaped up, 'emotive cells!' . . . in my emotive metro! I leave nothing above ground! . . . everything in my magic transport! . . ."

"Ah? . . . ah? . . ."

"Violently! . . . you're the magician! yes? . . . no? then have your power perform! . . . some readers balk? billy club, Colonel? some prefer the movies? billy club! . . . prefer pop stuff? billy club . . . you are the master of enchantment . . . you prove it to them by enclosing them, locking, double-bolting! you intend to be obeyed! . . . spoken language through the written form! . . . your invention! . . . no fuss! Pigalle-Issy nonstop! no special treatment allowed! . . . under the spell! . . . you don't tolerate arrogant intellects! dialecticians, for example! no more crossroads, no more yellow lights, no more cops, no more dragass buttocks! you understand me, Colonel?"

"Yes! . . . yes! . . ."

"No more trucks ramming into you! artist that you are! your metro stops at nothing! . . . you've streamlined yourself a style!"

"A style? a style?"

"Yes, Colonel! . . . the style to touch the very quick of one's nerves!"

— C'est de l'attentat !

— Oui, je l'avoue !

— Ah, par exemple ! vous emmenez tout ?

— Oui, Colonel... tout !... les immeubles de sept étages !... les féroces grondants autobus ! je laisse rien à la Surface ! je lui laisse rien ! ni colonnes Maurice, ni les demoiselles harcelantes, ni mégotiers sous les ponts ! Non ! j'emmène tout !

— Les ponts avec ?

— Les ponts avec !

— Rien vous empêche ?...

— Non, Colonel !... à l'émotion, Colonel !... rien qu'à l'émotion !... l'haletante émotion !

— Oui, mais... oui, mais...

— Y a pas d'« oui mais » !... j'embarque tout !... j'enfourne tout dans ma rame !... je vous répète ! toutes les émotions dans ma rame !... avec moi !... mon métro émotif prend tout ! mes livres prennent tout !

— Ah, par exemple ! par exemple !

— Et les étrangers ? les écrivains étrangers ?

— Ils existent pas ! ils sont encore à déchiffrer *Madame Bovary*, la scène du fiacre... et *Boule de Suif* !... qu'ils démarquent horriblement mal... ils iront jamais plus loin... leur sensibilité est pas faite... et sera jamais faite, je crains... ils vont peut-être vite en avion... mais dans les Arts ?... qu'est-ce qu'ils trimbalent !

— Pourtant on parle d'eux !... on les traduit !...

— C'est la formidable escroquerie !... qu'on supprime leurs agences de presse, leur fantastique publicité, leur phénoménal culot, ils existeront plus !...

— Mais leurs lecteurs ?

— Les lecteurs français sont snobs, gogos et serviles... ils sont bluffés !... et ils sont contents d'être bluffés ! ils trouvent des écrivains d'ailleurs, qu'écrivent tous comme les Delly... les voilà heureux !... et fiers ! l'auteur le plus lu dans tous les pays du monde, le plus traduit, dans tout l'univers : c'est Delly ! Colonel ! Delly !

— Les langues étrangères tout de même ?

— Il n'y a qu'une seule langue, Colonel, en ce monde paracafouilleux ! une seule langue valable ! respectable ! la langue

"That's indecent!"

"I admit it!"

"Now, for example! you take everything along?"

"Yes, Colonel . . . everything! eight-story buildings! . . . ferocious rumbling buses! I leave nothing on the surface! I leave nothing there! no kiosques, no badgering spinsters, no bridge bums! No! I take everything along!"

"Bridges too?"

"Bridges too!"

"Nothing gets in your way?"

"No, Colonel! . . . powered with emotion, Colonel! . . . nothing but emotion! . . . breathless emotion!"

"Yes, but . . . yes, but . . ."

"No 'buts' about it! . . . all aboard! . . . I stash everything on my metro cars! . . . and I repeat! every emotion on my metro cars! with me! my emotive metro takes everything along, my books take everything along!"

"Oh, just imagine! just imagine!"

"What about foreigners? foreign writers?"

"They don't count! they're still trying to figure out *Madame Bovary*,[70] the scene in the cab . . . and *Boule de Suif!*[71] . . . that they pirate with infinitely bad taste . . . they'll never get ahead . . . their sensitivity has no form . . . I fear it never will . . . they might make time in their airplanes, but when it comes to Art, what clods!"

"Yet people are talking about them! . . . translating them even! . . ."

"It's a big put-on! . . . take away their press agents, their fantastic publicity, their outrageous brass, and they'll cease to exist! . . ."

"How about their readers?"

"French readers are snobs, suckers, stooges . . . they're taken in! . . . and they're happy to be taken in! besides, they find writers who all write like Dellys . . . so they're happy! . . . proud, too! the most read author in all the countries of the world, the most translated, in the universe: it's Delly! Colonel! Delly!"

"Even in foreign languages?"

"There is only one single language, Colonel, in this parabungled[72] world! only one worthwhile language! respectable! the im-

impériale de ce monde : la nôtre !... charabias, les autres, vous m'entendez ?... dialectes bien trop tard venus !... mal sapés, mal léchés, arlequinades ! rauques ou miaulants à-peu-près pour rastaquouères ! zozoteries pour clowns ! voilà, Colonel !... je sais ce que je cause ! et j'admets pas la discussion !

— Vous êtes un esprit borné !...

— Pas borné... impérialiste, Colonel ! Comment que j'ai conquis la surface ! vous avez vu ? que j'ai tout saisi ? vous avez vu ? vous avez remarqué ? tout embarqué dans mon métro !... qu'est-ce que je lui laisse à la surface ? la plus pire drouille du cinéma !... avec les langues étrangères donc ! les traductions !... retraductions de nos pires navets ! qu'ils les emploient pour leurs « parlants » !... en plus de la psychologie ! le pataquès psychologique !... toute la chirie philosophique, toute l'horreur photographique, toute la Morgue des fesses figées, cuisses figées, nénés opérés, nez raccourcis, et les kilos de cils !... oui ! des kilos ! lourds !... gras !... rouges !... verts !... »

Il m'écoute pas !

« Allez pisser, Réséda ! »

Il m'horripile... il patauge trop !...

« Non ! non ! et non ! »

Et il nie qu'il pisse !...

« Bon ! bon !... si je vous raconte tout ?... vous irez au petit endroit ?

— Oui !... oui ! oui ! je vous promets ! »

Salut !... il m'écoute plus du tout !... et c'est lui qui parle !... il sait mieux que moi !...

« Le rail émotif ! le rail nerveux ! saperlipopette !

— Y a pas de saperlipopette ! y a que la manière de s'y prendre !... tout berzingue direct ! Colonel !...

— Oui, direct !... la propulsion émotive ! l'ultra-précision émotive !

— Ah ! vous êtes d'avis Colonel ?

— Oui !... oui !... oui ! tout berzingue, direct !

— Pissez ! pissez dans votre flaque, Colonel ! vous dégoulinez, Colonel ! vous m'avez compris Colonel ?

— Oh, oui ! oh, oui !

— Mais attention ! le détail !... le détail ! vous êtes pas sur rails ordinaires !... votre récit est pas ordinaire !

— Oh, non ! oh, non !

perial language on this earth: our own! . . . others are but gibberish, you understand? misbegotten dialects! . . . ill-garbed,
botched up, harlequinades! hoarse or yowling pidginese for foreign dudes! blitherings for clowns! that's it, Colonel! I know
what I say! and I'll have no argument!"

"You are a narrow-minded man! . . ."

"Not narrow-minded . . . imperialist, Colonel! How'd I con-
quer the surface! did you see? that I seized everything? did you
see? did you notice? everything stowed onto my metro! . . . what
do I leave on the surface? the most revolting drivel from the
movies! . . . in foreign languages of course! translations! rere-
translations of our most memorable flops! for them to use in
their 'talkies!' . . . and psychology besides! the psycho garble!
. . . the whole philosophical bag of shit, the whole photographic
horror, the whole mortuary of frozen thighs, frozen buttocks,
plastic bosoms, stylized noses, and tons of eyelashes! . . . that's
right! tons! heavy! . . . greasy! . . . red! . . . green! . . ."

He's not listening to me!

"Go pee, Réséda!"

He exasperates me . . . he flounders around so! . . .

"No! no! no!"

He denies needing to piss! . . .

"Okay! okay! . . . suppose I finish telling you everything! . . .
will you go to your little poet's corner?"

"Yes! . . . yes! sure! I promise!"

Kiss off! . . . he's not listening to me at all! . . . he's the one
doing the talking! . . . he knows it better than I do! . . .

"The emotive track! the emotive rails! gracious grief!"

"No gracious grief! just the way of going about it! . . . flat out
nonstop! Colonel! . . ."

"Yes, nonstop! . . . emotion-propelled! ultra-precise emotion!"

"Ah! you agree, Colonel?"

"Yes! . . . yes! . . . yes! flat out, nonstop!"

"Pissing! you're pissing in your puddle, Colonel! you're trick-
ling, Colonel! did you understand me, Colonel?"

"Oh, yes! oh, yes!"

"But watch out! detail! . . . detail! you are not on ordinary
rails! . . . your story is no ordinary one!"

"Oh, no! oh, no!"

— Pour un rien du tout... vous crevez tout : ballast ! voûtes !... un souffle ! une cédille !... à culbuter ! mille à l'heure ! votre récit verse ! déraille ! votre rame laboure ! c'est l'écrabouillure très infecte ! honteuse ! vous et vos 600.000 lecteurs !... satané sinistre ! pour un souffle ! sur un souffle !... en bouillie !

— Alors ?... alors ?

— Alors, Colonel... c'est là qu'est le génie !

— Le génie encore ? le génie de quoi ?...

— De pas dérailler, pardi ! jamais dérailler !

— Oui, mais alors ? »

Il jetait de ces regards éperdus... vers la pissotière !... mais il y allait pas tout de même ! il refusait !...

« Vous y allez pas ?... vous y allez pas ? bon ! tant pis ! je résume !... je vous rererésume !... vous me comprenez Colonel ! pas du tout des rails ordinaires ! du style ordinaire ! non ! non !

— Oh non !... oh non !

— Des rails tout fait spéciaux, des rails qu'ont l'air tout à fait droits et qui le sont pas !... que vous avez, vous, biseautés !... vous-même ! d'une façon tout à fait magique !... vicieuse !...

— Ah, oui ! oui ! oui ! truqués !

— C'est ça ! truqués !

— Eh bien ! eh bien !

— C'est là tout le génie, Colonel !... le coup de Pascal !... la révélation du métro !... lui, du Pont !... moi, du métro ! vous êtes d'accord, Colonel ?

— Vous ?... vous ?... vous ? »

Ça va plus !... il me toise !... et il me fait une de ces têtes !

« Vous !... vous !... comment vous ?...

— *Vzzzz ! vzzz ! vzzz !* »

Je lui réponds ! je lui fais *vzzzz* puisqu'il veut pas se décider à aller à la pissotière !... qu'il urine là !... tel quel ! qu'il se soulage ! enfin !

Il me regarde de plus en plus fixe.

« Vous voulez pas que je vous conduise ? »

Je lui offre... y a pas vingt-cinq mètres de nous à la pissotière... y a attroupement à présent... des gens de plus en plus curieux...

"The least slip . . . you'll destroy the whole system: roadbed! arches! . . . a breath! a cedilla! . . . ass over end! thousand miles an hour! your story tilts! derails! your metro plows to a stop! a stinking, smashed-up pulp![73] shameful! you and your 600,000 readers! . . . demonic disaster! because of one breath! one breath, more or less! . . . reduced to a jelly!"

"So! . . . so?"

"So, Colonel . . . that's where genius lies!"

"Back to genius! what genius?"

"The genius of not derailing, b'God! never derailing!"

"Yes, but what then?"

He was casting bewildered looks around . . . toward the pissoir! . . . but he wasn't heading there even so! he refused! . . .

"You're not going! . . . you're not going! okay! too bad! I summarize! I reresummarize! . . . you understand, Colonel! not ordinary tracks at all! not ordinary style rails! no! no!"

"Oh, no! . . . oh, no!"

"Rails specially made, they look straight, but they really aren't! . . . you've just unbent them! . . . yourself! . . . a quite magic way! . . . unreal! . . ."

"Ah, yes! yes! yes! faked!"

"That's it! faked!"

"Well! well!"

"That's where genius lies, Colonel! . . . Pascal's sudden revelation! . . . the metro revelation! . . . he, from the bridge! . . . myself, in the metro! you agree, Colonel?"

"You? . . . you? . . . you?"

He stalls! looks me up and down! . . . puts on one of those faces!

"You! . . . you! . . . how did you? . . ."

"Psss! psss! psss!"

I answer in kind! I go "psss!" because he will not make up his mind to visit the pissoir! . . . urinate there! . . . as is! relieve himself! at last!

He stares at me more and more fixedly.

"Would you like me to help you there?"

I offer him a hand . . . it's not twenty-five yards to the pissoir . . . there's a gathering group now . . . people more and more curious . . .

« Allons-nous-en, Colonel !

— Non !... je vous écoute ! »

Je suis mimi !... vous vous rendez compte ?... je garde une contenance... il le faut !... je pérore... pour cette foule autour !...

— C'est bien simple, n'est-ce pas, Colonel ! les rails du « rendu émotif » qu'ont l'air droits, absolument droits, le sont pas du tout !

— Oui ! oui ! oui !

— Et c'est toute l'astuce, Colonel !... la délicatesse ! le péril mortel, aussi ! ce style absolument spécial ! vous avez saisi ?

— Oui ! oui ! oui !

— Que tous vos plagiaires en enragent !... s'en suicident !

— Ah !... ah !...

— Si vos rails sont droits, Colonel, du style classique, aux phrases bien filées...

— Alors ?... alors ?

— Tout votre métro verse, Colonel ! vous crevez le décor ! le ballast ! la culbute ! vous crevez la voûte ! vous tuez tous vos voyageurs ! une marmelade, votre métro ! votre rame entière bourrée d'immeubles !

— Bigre ! bougre ! quelle cargaison !

— Oui ! vous et tous vos branquignols ! une catastrophe, personne réchappe ! *vos rails sont droits que dans l'émotion !* vous avez compris, Colonel ?

— Oh, oui ! oh, oui !

— Donc gafe Colonel !... horrible péril !... allez pas lancer votre rame sur des rails droits ordinaires ! non ! non !... non ! non !... je vous adjure ! que sur les rails biseautés « spécial » ! profilés « spécial » ! par vous même ! vous fiez à personne pour l'ouvrage ! ouvragés au poil de micron ! *vzzz ! vzzz !...* »

Mon *vzzz ! vzzz !* lui faisait de l'effet... son pantalon dégoulinait... il pataugeait bien dans sa flaque... la flaque de plus en plus grande...

« Vous vous êtes sensible, Colonel !... un sensible !... pas un cancre imbécile épais ! pas un étranger non plus !

— Non ! non ! non !

— Vous comprenez ce que je vous explique ? tout ce que je vous explique ? le raffinement de mon invention ? l'astuce du travail ! pourquoi je suis le génie des lettres ? et l'unique, hein ?

"Let's move on, Colonel!"

"No! . . . I'm listening to you!"

I am charming! . . . do you realize that? . . . I keep my composure . . . have to! . . . I perorate . . . for the surrounding crowd! . . .

"Very simple, isn't it, Colonel! The rails for my 'emotive yield,' which look straight, utterly straight, are not so at all!"

"Yes! yes! yes!"

"That's the whole trick, Colonel! . . . the delicate touch! the mortal peril, also! this absolutely special style! have you gotten that?"

"Yes! yes! yes!"

"Let the plagiarists rage in suicidal frustration!"

"Ah! . . . ah! . . ."

"If your rails are straight, Colonel, in classic form, well-knit sentences . . ."

"Then? . . . what? . . ."

"Your whole metro overturns! you smash up the scenery! roadbed! ass over end! you shatter the archways! kill all your passengers! a shambles, your metro! your whole string of cars stuffed with real estate!"

"Holy moly! what a cargo!"

"Yes! you and all your twerpy[74] passengers! a catastrophe, no survivors! your rails are straight only in your emotion! have you understood now, Colonel?"

"Oh, yes! oh, yes!"

"So watch out, Colonel! . . . extreme risk! . . . don't go sending your metro car down ordinary straight rails! no! no! . . . no! . . . I adjure you! only on the 'special' bent rails! streamlined 'special!' by yourself! don't trust anyone else to do the job! polished to within one hair of a micron! psss! psss! . . ."

My "psss! psss!" had its effect . . . his pants were awash . . . he was wallowing in his puddle . . . an evergrowing puddle . . .

"You're a sensitive man, Colonel! . . . a sensitive man! . . . no thick-headed dunce you! nor a foreign clod either!"

"No! no! no!"

"You understand what I'm explaining? the refinement of my invention? the cleverness of its making! why I am the genius of letters? and the only one, right?"

— Oui ! oui ! oui !

— L'émotion à vif ! jamais à côté !

— Oui ! oui !

— Que votre métro faille d'un petit poil !... votre métro tout bourré de lecteurs... les ensorcelés de votre style... c'est la catastrophe !... culbute, Colonel !... la carambole ! d'un poil ! vous le responsable !

— Oui ! oui ! tout berzingue !

— Les nourrices, les kiosques à journaux, les scooteurs, les messieurs galants, des brigades entières de flics, des terrasses entières de plagiaires, des camions entiers de sentiments, que vous avez bien enfournés, souqués, bouclés dans votre livre, d'un milli d'écart de votre style, d'une ombre de virgule, foncent dans le décor ! crèvent tout ! s'écrabouillent !

— Ah ?... ah ?... ah ?

— Y a pas d'ah !... ah !... ah ! vous voulez encore plus de détails ?... des détails plus que plus qu'intimes ?

— Oh, oui !... oui !... oui !...

— Bon !... Les trois points ! me les a-t-on assez reprochés ! qu'on m'en a bavé de mes «trois points» !... *Ah, ses trois points !... Ah, ses trois points !... Il sait pas finir ses phrases !...* Toutes les cuteries imaginables ! toutes, Colonel !

— Alors ?

— Allez ! *pzzt ! pzzt !...* pissez, Colonel ! et votre avis, vous, Colonel ?

— A la place de ces trois points, vous pourriez tout de même mettre des mots, voilà mon avis !

— Cuterie, Colonel ! Cuterie encore !... pas dans un récit émotif !... vous reprochez pas à Van Gogh que ses églises soient biscornues ? à Vlaminck ses chaumières foutues !... à Bosch ses trucs sans queues ni têtes ?... à Debussy de se foutre des mesures ? Honegger de même ! moi j'ai pas du tout les mêmes droits ? non ? j'ai que le droit d'observer des Règles ?... les stances de l'Académie ?... c'est révoltant !

— Non !... non !... mais enfin...

— Les Beaux-Arts transposent comme ils veulent ! depuis plus d'un siècle !... Musique, Peinture, Couture... Architecture !... des Muses affranchies, je vous le dis !... même la pierre, vous

"Yes! yes! yes!"

"Raw emotion! never missing the mark!"

"Yes! yes!"

"Just let your metro falter by as much as a hair! . . . your metro packed with readers . . . those bewitched by your style . . . and catastrophe! . . . ass over end, Colonel! . . . a pile-up! by one hair's breadth! and you responsible!"

"Yes! yes! full speed, flat out!"

"The wet nurses, the paper venders, the cyclists, the ladies' men, full platoons of cops, sidewalk cafés jammed with plagiarists, truckloads of sentiment that you have carefully stowed away, sweated over, shut up in your book, one thousandth of an inch deviation from your style, off by one shadow of a comma, they charge into your décor! smash everything! trample themselves to a pulp!"

"Ah? . . . ah? . . . ah? . . ."

"That's no answer 'ah! . . . ah! . . . ah!' you want further details . . . superintimate details?"

"Oh, yes! . . . yes! . . . yes!"

"Okay! . . . my three dots! have people ever reproached me for them! they've slobbered on about my three dots! . . . 'Ah! his three dots! . . . Ah, his three dots! . . . He can't finish his sentences!' Every stupidity in the book! every one, Colonel!"

"So?"

"Go! psss! psss! . . . piss off, Colonel! and what's your opinion, Colonel?"

"Instead of those three dots, you might just as well put in a few words, that's what I feel!"

"B'loney, Colonel! So much b'loney! . . . not in an emotive tale! . . . you don't reproach Van Gogh for his misshapen churches? Vlaminck, his screwed-up thatched roofs? . . . Bosch, his creatures neither head nor tail! . . . Debussy, his unconcern for measures? or Honegger's! do I not have the same rights myself? no? I have the right only to follow the Rules? . . . the Rhythms of the Academy? . . . that's revolting!"

"No! . . . no! . . . but really . . ."

"The Fine Arts have been transposing all they choose to! . . . for over a hundred years! . . . Music, Painting, Fashion . . . Architecture! . . . the liberated Muses, I tell you! even stone, you

voyez !... la pierre !... la Sculpture !... et le papier ? non !... ah, le papier !... l'écriture est serve, voilà !... serve du journal quotidien !... le journal quotidien transpose pas !... non !... jamais ! le bachot non plus !... le certificat d'études non plus !... la licence non plus ! jamais !... rien !...

— Oui, mais tout de même vos trois points ?... vos trois points ?...

— Mes trois points sont indispensables !... indispensables bordel Dieu !... je le répète : indispensables à mon métro ! me comprenez-vous Colonel ?

— Pourquoi ?

— Pour poser mes rails émotifs !... simple comme bonjour !... sur le ballast ?... vous comprenez ?... ils tiennent pas tout seuls mes rails !... il me faut des traverses !...

— Quelle subtilité !

— Mon métro bourré, si bourré... absolument archicomble... à craquer !... fonce ! il est sur sa voie !... en avant !... il est en plein système nerveux... il fonce en plein système nerveux !... vous me saisissez, Colonel ?

— Un petit peu... un petit peu...

— Mon métro que je vous raconte est pas une guimbarde imbécile qui cahote, berloque, titube, s'accroche à tous les carrefours !... non !... mon métro s'arrête nulle part !... je vous l'ai dit ! je vous le répète Colonel !

— Oui ! oui ! oui !... c'est extraordinaire !

— Au but, d'un trait, Colonel ! mais attention !... sur rails profilés !... récit « traverses impondérables » !

— Vraiment ? vraiment ?

— Vous doutez encore ?... exactement !... je vous l'affirme Colonel !... plus jamais d'ergoteries devant moi ! plus d'embarras ! le truc du « métro-tout-nerfs-rails-magiques-à-traverses-trois-points » est plus important que l'atome !

— L'atome ? comment ?

— Comme nouveauté qu'on parlera !

— Alors ?... alors ?

— Alors Colonel, le Cinéma est foutu ! et d'un ! dépassé, décati, rousti !

— Ah, bah !... ah, bah !

— Pas d'« ah, bah » !... je tolère pas vos « ah, bah » Colonel !... je vous livre la vérité toute pure... profitez de ce que je vous dis !...

know! . . . stone . . . Sculpture! . . . and paper! no! . . . ah, paper! writing is a handmaid, that's all! . . . handmaid to the daily news! . . . the daily newspaper doesn't transpose! . . . no! . . . never! nor diplomas! high school! college! never! . . . nothing! . . ."

"Yes, but even so, your three dots? . . . your three dots?"

"My three dots are indispensable! . . . indispensable, thunderation! . . . I repeat: indispensable to my metro! you understand, Colonel?"

"Why?"

"To set my emotive rails on! clear as day! . . . on the roadbed! . . . you understand? . . . they won't hold up by themselves, my rails! . . . I need ties! . . ."

"What subtlety!"

"My metro stuffed, so stuffed . . . absolutely filled to overflowing . . . to the bursting point! . . . lunges on! on its track! . . . on ahead! . . . plugged right into the nervous system . . . it charges right into the nervous system! . . . do you follow, Colonel?"

"A little bit . . . a little bit . . ."

"This metro of mine, I'm telling you, is no old rattletrap clattering, lurching, jerking along from station to station, not at all! . . . my metro is nonstop! . . . I told you that! I repeat it now, Colonel!"

"Yes! yes! yes! . . . it's extraordinary!"

"To the end, one hop, Colonel! but pay attention! . . . on streamlined rails! . . . a story with 'imponderable ties!'"

"Really? really?"

"You still have doubts? . . . exactly so! . . . I assure you! . . . never any more argle-bargle with me! no more troubles! the gimmick of the 'metro-all-nerve-magic-rails-with-three-dot-ties' is more important than the atom!"

"Than the atom? how?"

"As a novelty to get people talking."

"So? . . . so what? . . ."

"So the cinema, Colonel, is done for! one down! outmoded, lost its glow, ruined!"

"Nonsense! . . . nonsense! . . ."

"No 'nonsense!' I cannot stand your 'nonsense!' Colonel! . . . that's the truth, pure and simple . . . take advantage of what I'm

soyez prévenu : je laisse rien au cinéma ! je lui ai embarqué ses effets !... toute sa rastaquouèrie-mélo !... tout son simili-sensible !... tous ses effets !... décanté, épuré, tout ça !... à pleins nerfs dans ma rame magique ! concentré !... j'ai enfourné tout !... mon métro à « traverses trois points » emporte tout !... mon métro magique !... délateurs, beautés suspectes, quais brumeux, autos, petits chiens, immeubles tout neufs, chalets romantiques, plagiaires, contradicteurs, tout !... je lui laisse rien !... par cha-rité : deux trois « Grévins »... Hollywood, Joinville, les Champs-Élysées, la rade de New York... tout le carton pâte !... toutes les loques... avec plein de cils et plein de nichons !... par pitié pour les ataxiques... retenez bien !... les sclérosés... qu'ils s'y retrou-vent encore !... qu'ils se trouvent pas abandonnés de tout !... j'ai capturé tout l'émotif !... je vous ai expliqué Colonel ?... « Pigalle-Issy » en moins de deux !... même les pires fainéants sont émus !... et vous, Colonel ?... et vous ?

— Pardi !... pardi !

— Ah, nous sommes d'accord Colonel, par le Capricorne, Colonel ! seriez-vous par hasard povoîte ? musicien, peut-être ?

— Oh, oui !... ah, oui !

— Ça tombe bien ! nous nous comprenons de mieux en mieux ! imaginez-vous la musique sans points de suspension Colonel ?

— Oh, que non !... que non !...

— Et sans « soupirs » ?

— Non, certes ! non, certes !

— Vous êtes encore de mon avis !...

— Fouchtra ! fouchtri ! tonnerre ! bigre ! bougre ! »

Subit, là... subit !... il sursaute dans sa flaque d'urine... en même temps qu'il louche !... il louche divergent !... voilà des façons !...

« Allons, Colonel... allons !... écoutez-moi !

— Saperlipopette !... saperlipopette ! »

Il glapit !... Je peux dire que pour la patience, sans me vanter, je m'excuse de parler de ma personne, je suis un champion à toute épreuve... je fanfaronne pas... jamais !... jamais !... je vous dis les choses... et j'ai les preuves !... pendant des mois, des années, il

saying! . . . be forewarned: I leave nothing for the cinema! I've made off with all its effects . . . its mix of flashy exoticism! . . . all its pseudo-sensitivity! . . . all its pretense! . . . decanted, refined, whole bit! . . . right into the nervous system on my magic metro! concentrated! . . . I shut it all in! . . . my metro with 'three dot ties' carries it all away! . . . my magic metro! . . . traitors, suspect beauties, foggy wharves, autos, puppies, brand new buildings, romantic chalets, plagiarists, contradictors, all sorts! . . . nothing left behind! . . . oh! just out of charity, maybe two three 'Grévins' . . . Hollywood, Joinville,[75] the New York breakwater . . . the whole cardboard world! . . . all the scraps! with plenty of eyelashes and plenty of falsies! . . . out of pity for the ataxics,[76] bear this in mind! . . . the sclerotics . . . so they don't lose their bearings! . . . won't be abandoned by all! . . . society! . . . may they not be abandoned by all! . . . I seized all the emotive stuff! . . . I explained that to you, Colonel! . . . 'Pigalle-Issy' in the wink of an eye! . . . even the worst goldbricks feel moved! . . . and how about you, Colonel! . . . how about you?"

"Rather! . . . rather!"

"Ah, we agree, Colonel, both Capricorns,[77] Colonel! would you be, by chance, a poet? musician perhaps?"

"Oh, yes! . . . ah, yes!"

"Happy coincidence! we understand each other better and better! can you imagine music without its points of suspension, Colonel?"

"Why, no! . . . of course not! . . ."

"And without quarter rests?"

"Certainly not! certainly not!"

"You still agree with me! . . ."

"Darnit! damnit! damnation! holy moly!"

Suddenly, then . . . suddenly! . . . he leaps into his puddle of pee . . . squinting wildly! . . . cross-eyed! . . . such a way to act! . . .

"Come now, Colonel . . . come now! . . . hear me out!"

"Gracious grief! . . . gracious grief!"

He yowls! . . . I might say that as for patience, without boasting, excuse me talking about myself, I can stand any test like a champion! no brag and bluster for me . . . never! never! . . . I'm telling you . . . I've got proof . . . for months, years, I happened

s'est trouvé qu'en réclusion, puis à l'infirmerie de la prison, je fus enfermé avec les dingues, les plus hystériques homicides les plus dangereux de la « Centrale », pour qu'à mon exemple... par mes bonnes manières, mes bonnes paroles... ils se calment un peu... qu'ils se jettent plus tout le temps dans la porte blindée tête première !... beng !... et que question de s'entaillader les cuisses et le poitrail à coups d'éclats de cruche ils se fassent plus si mal... ils se dissèquent pas la « fémorale » !... la fémorale qu'est fatale !... eh, bien je dois le dire, Colonel !... presque toujours, à mon exemple, ils allaient mieux... ils se calmaient... on me félicitait pas, mais je voyais... on félicite jamais les détenus... des véritables tigres humains !... ils cherchaient plus à m'éventrer... vu qu'on était que deux en cage, c'eût été facile !... surtout la nuit !... même la cellule très éclairée !... comment que les gardiens ont la chiasse !... tous ceux qui y ont été, savent... faut compter que sur soi en cellule !...

Je compare pas !... oh non !... bien sûr !... avec Réséda, là, c'était pas du tout le même travail !... oh, non ! on était en pleine vie publique... dans un Square... entourés de badauds !... en plein qu'il urinait tout debout lui !... et qu'il m'interpellait, le cochon...

« Bigre ! bougre ! fouchtra ! Céline ! »

Que tout le monde sache !... le scandale public !... pas que je le redoutais lui, le pisseur !... mais qu'on sorte du square, gentiment... voilà ce que je voulais !...

« Colonel, écoutez-moi ! vous laissez distraire par personne !... retenez qu'une chose : les rails émotifs !... impondérables !... le style émotif !... à trois points !... trois points !... la trouvaille du siècle !... ma trouvaille !... j'aurai des drôles de funérailles !... j'y pense ! j'y pense ! moi, je vous le dis ! je vous le prédis !... nationales ! et aux frais de l'État !... la Colette m'a donné l'idée ! avec un émotif ministre qu'aura des larmes ! parfaitement ! les gens où je demeure se doutent pas !... le « génie du Siècle » !... les rails qu'ont l'air droits qui le sont pas !... le ministre racontera tout ça ! Colonel, apprenez par cœur !... vous laissez distraire par personne !

— Pigalle-Issy direct tout nerfs ! le Cinéma existe plus ! »

Il répète bien.

« Colonel, ça va déjà mieux !... mais c'est pas tout !... c'est pas tout ! il a retrouvé le langage parlé à travers l'écrit !

to be in reclusion, then in the prison infirmary, locked up with the most hysterical, homicidal, dangerous screwballs in the whole 'Centrale,'[78] yet none I couldn't calm down a bit by my example, my good manners, my kind words . . . keep from constantly ramming headfirst into the armor-plated door! . . . boing! . . . and hurting themselves so badly . . . as they notched their thighs and chest with broken jug shards, especially not to cut the femoral! . . . the femoral, which is fatal! . . . well, I've got to say it, Colonel! . . . almost every time, at my example, they improved . . . calmed down . . . no one congratulated me, but I understood . . . prisoners are never congratulated . . . real human tigers! . . . they stopped trying to disembowel me . . . since we were but two to a cell, it would have been easy! . . . especially at night! even in the best-lit cell! . . . that's how come the guards are shit-ass scared! . . . all those who have been there know . . . in a cell the only thing to count on is yourself! . . .

I make no comparisons! . . . oh no! . . . for sure! . . . with Réséda, in his case it wasn't the same kind of job! . . . oh, no! we were out in full view of the public! in a park . . . surrounded by gawkers! . . . in good number since he was standing up urinating! . . . and giving me a dressing down, the dog . . .

"Holy moly! tarnation! Céline!"

Let everyone know! . . . public scandal! . . . not that I was scared of him, that pisser! . . . but for them to leave the park, peaceably . . . that's what I wanted! . . .

"Colonel, listen! don't let yourself get distracted by anybody! . . . just bear one thing in mind: the emotive rails! . . . imponderable! . . . the emotive style! . . . with three dots! . . . three dots! . . . discovery of the century! . . . my discovery! . . . I'll have a weird funeral! . . . the thought of it! the thought of it! I tell you! I predict! . . . nationwide! and at state expense! . . . Colette[79] gave me the idea! with an emotive cabinet minister, tears in his eyes! that's the way! the people where I live haven't the slightest suspicion! . . . the 'Genius of the Century!' the rails that look straight, which aren't! . . . the minister will explain all that! Colonel, learn by heart! never allow another to distract you!"

"Pigalle-Issy non stop all nerve! the Cinema no longer exists!"

He repeats well.

"Colonel, things are looking up already! . . . but that's not all!

— Qui ?

— Mais moi, bon Dieu ! moi pardi ! gourde ! pas un autre !... »

Il me désespérait !... j'avoue !...

« Tout nerfs !... tout nerfs ! »

Il rabâche !

« Écoutez-moi bien Colonel !... le plus ardu, à présent ! j'en termine... le plus subtil !... tâchez de me comprendre ! faites l'effort !

— Oui !... oui !... oui !...

— Je vous prends un lecteur...

— Parfaitement !

— Le lecteur d'un livre émotif... une de mes œuvres !... en style émotif !...

— Alors ?

— Il est d'abord incommodé un peu...

— Ah ?... qui ?...

— Le lecteur qui me lit ! il lui semble, il en jurerait, que quelqu'un lui lit dans la tête !... dans sa propre tête !...

— Bigre ! bougre !

— Parfaitement !... dans sa propre tête ! pas de bigre ! pas de bougre !... sans lui demander la permission ! c'est de l'Impressionnisme, Colonel ! tout le truc de l'Impressionnisme ! le secret de l'Impressionnisme ! je vous ai parlé de l'Impressionnisme ?

— Oh oui ! oh oui ! oui !

— Pas simplement à son oreille !... non !... dans l'intimité de ses nerfs ! en plein dans son système nerveux ! dans sa propre tête !

— Eh, bien !... c'est quelque chose !

— Vous pouvez le dire ! c'est quelque chose, Colonel ! vous pouvez le dire ! que quelqu'un lui joue comme il veut sur la harpe de ses propres nerfs !

— Comment ? comment ?

— Attendez ! rapprochez-vous ! »

Je veux pas que les gens autour entendent... je lui chuchote à son oreille...

« Vous plongez un bâton dans l'eau...

— Un bâton dans l'eau ?

— Oui, Colonel !...

. . . that's not all! he rediscovered spoken language through the written form!"

"Who?"

"Why, I did, heaven's sake! I did! bet your dumb ass! nobody else! . . ."

He was a despair to me! . . . I admit! . . .

"All-nerve! . . . all-nerve!"

He mutters over and over!

"Listen, Colonel! . . . the hardest part now! I'm nearing the end . . . the most subtle! . . . try to understand! make the effort!"

"Yes! . . . yes! . . . yes! . . ."

"I'll take one reader for you . . . as an example . . . !

"Fine!"

"The reader of an emotive book . . . one of my works! . . . in emotive style . . ."

"Go on!"

"First he is a bit ill at ease . . ."

"Ah? . . . who? . . ."

"The reader who reads me! he seems to hear, would swear to it, that someone is reading to him inside his head! . . . inside his own head! . . ."

"Holy moly!"

"Fine! . . . in his own head! no 'holy!' no 'moly!' . . . without even asking permission! that's Impressionism, Colonel! that's what Impressionism is all about! the whole secret of Impressionism! I've spoken to you about Impressionism?"

"Oh, yes! oh, yes! yes!"

"Not just in his ear! no! . . . in the privacy of his nerves! plugged right into his nervous system! inside his own head!"

"Well, now, if that isn't something!"

"You might well say so, Colonel! that is something! you might well say so, for someone to play at will on the harp of one's own nerves!"

"But how? how?"

"Just wait! come closer!"

I don't want our neighbors to hear . . . I whisper in his ear . . .

"You dip a stick into water . . ."

"A stick into water?"

"That's right, Colonel! . . .

— De quoi il a l'air votre bâton ?

— Je ne sais pas...

— Il a l'air cassé votre bâton ! tordu !

— Alors ? alors ?

— Cassez-le vous-même, pardi ! avant de le plonger dans l'eau ! cette bonne blague ! tout le secret de l'Impressionnisme !

— Alors ?

— Ainsi vous corrigerez l'effet !

— L'effet quoi ?

— De la réfraction ! il aura l'air droit votre bâton ! vous le casserez d'abord, Colonel !... avant de le plonger dans l'eau !...

— Je le casserai !

— Vous lui flanquerez une rude entorse !...

— Ah dites donc ! dites donc !

— Ainsi de mon style émotif ! et de mes rails si ouvragés ! profilés « spécial » !

— Vraiment ? vraiment ?

— Exactement !

— Colonel, vous êtes en progrès ! vous êtes pas loin de me comprendre !

— Mais Gaston ? mais Gaston lui ? il vous comprendra, lui ?

— Nous allons voir... nous allons le voir ! vous lui demanderez !

— Où c'est, chez Gaston ? »

Il se souvient plus...

« Venez avec moi, Colonel ! suivez-moi ! sortez avec moi de ce square ! »

Que ce nom de Dieu sorte du square !... oh, mais il veut pas ! il veut pas !... il recule ! et il recommence à gueuler !

« Non ! non ! laissez-moi ! »

Vous pensez l'effet !... maintenant les gens, c'est un scandale !... ils attendent que ça, le scandale !...

« Le charme !... le silence, Colonel ! »

Je peux y aller à le faire taire, l'outil !... J'harangue ! j'harangue le Square ! tous les gens là ! qu'ils s'écartent... qu'on sorte !... qu'on nous laisse sortir !... ma présence d'esprit !

« C'est un cas, Messieurs Mesdames !... cet homme est malade ! je le connais depuis toujours ! je le soigne !... mon malade !... le conduis à l'hôpital !... »

Mais lui le fumier me contredit ! et comment!

"What does it look like, your stick? . . ."

"I give up . . ."

"It looks broken, your stick! that's what!"

"So? so?"

"You break the stick yourself, b'God! before dipping it into the water! It's a good trick! the whole secret of Impressionism!"

"And then?"

"That way you'll correct the effect!"

"The effect? what effect?"

"Of refraction! it'll look straight, your stick! you break it first, Colonel, before dipping it into the water! . . ."

"I break it!"

"You give it one helluva twist!"

"Ah, you don't say! you don't say!"

"The same way with my emotive style, and with my rails so labored over! streamlined special!"

"That true? that true?"

"Absolutely! Colonel, you're making progress! you're not far from understanding me!"

"But what about Gaston? what about him? will he understand!"

"We shall see . . . we're going to see him! you'll ask him!"

"Where's he live, Gaston!"

He doesn't remember . . .

"Come with me, Colonel! follow me! leave the park with me!"

Lead this goddam guy out of the park! oh, there's no way! he won't! he won't! . . . backs off! starts in howling again!

"No! no! let me alone!"

You can imagine the effect! . . . now the people, it's a scandal! . . . await nothing better, a scandal! . . .

"Show your charm! . . . your silence, Colonel!"

I can have a go at calming him down, the old clod! . . . So I spout off! harangue the whole park! everybody there! to step aside . . . we're leaving! . . . to let us by! my presence of mind!

"He's a case, ladies and gentlemen! . . . this man is ill! I have known him all my life! . . . I'm taking care of him! . . . my patient! . . . taking him to the hospital! . . ."

But that shit-head contradicts me! but good!

« L'écoutez pas ! l'écoutez pas ! Messieurs Mesdames ! il veut m'empêcher ! c'est un assassin ! un assassin ! un voyou ! je veux voir M. Gallimard !

— Mais vous le verrez, sacrée bourrique ! bordel ! vous le verrez !... il nous attend ! je vous l'ai promis ! je vous le jure ! »

Je lui aurais juré la lune !

« Attrapez-moi par le cou !... serrez-moi bien ! serrez-moi fort !... fort !... que le métro vous emporte pas ! »

Il m'attrape !... il me serre le quiqui !... ça va !... ça va !... il voit le métro sur le boulevard !... là, sur le boulevard Sébastopol !... il se cramponne... je profite pour parler aux personnes...

« Oui ! oui ! c'est sa tête !... sa tête !... je suis son médicin, Messieurs Mesdames !... son médecin traitant ! il est en crise !... »

J'affirme !...

« Les rails !... qu'il crie, lui... traitant ? traitant ? traître ! oui ! traître ! les rails !... il a dévissé tous les rails !... en fait de rails !... voilà comme il est ! Messieurs Mesdames ! au secours !... au secours !... »

Il se calme pas du tout !...

« L'écoutez pas, Messieurs Mesdames ! c'est un pauvre malheureux ! allez !

— Au secours ! au secours !... »

De plus belle il braille !

« Il a saboté tout le métro !... il a mis ses soupirs partout !... monstre anarchiste ! vendu !... traître !... traître ! »

Je réfute ! je réponds... il le faut !

« Venez le dire à Gaston ! venez ! »

Je l'encourage...

« Restez pas là !

— Oui, je vais lui dire !... que je vais lui dire !... oui, je lui dirai !

— Venez alors ! dépêchez-vous ! mouchard ! bourrique ! »

Il venait... il vient plus !... il hurle !

« Pisser d'abord ! pisser d'abord !

— Mais vous faites que ça ! »

Il se rendait pas compte !... les gens nous regardent, eux !... comme il pisse ! comme il dégouline !... la flaque dans le sable... je chuchote...

"Don't listen! don't listen to him! ladies! gentlemen! He's trying to stop me! He's a murderer! a murderer! hoodlum! I want to
see Mr. Gallimard!"

"But you're going to see him, damn pighead! damn it to hell!
you will see him! . . . he's waiting for us! I promised you that! I
swear!"

I could have promised him the moon!

"Put your arm around my neck! . . . hold on good! hold me
tight! tight! don't let the metro carry you off!"

He grabs me! throttles me! . . . it's okay! . . . it's okay! . . . he
sees the metro entrance on the boulevard! . . . there, on boulevard Sébastopol! . . . he hangs on . . . I use him as an excuse to
talk to others . . .

"Yes! yes! it's his head! . . . his head! . . . I'm his doctor, ladies, gentlemen! . . . the doctor treating him! he's having an
attack! . . ."

I assure everyone! . . .

"The rails! . . ." he shouts. "Him treating me? treating? no,
traitor! yes! a traitor! the rails! he has unbolted all the rails! . . .
that's the sort he is! Ladies, gentlemen! help! . . . help! . . ."

He won't calm down at all! . . .

"Don't listen to him, ladies, gentlemen! he's just a poor un-
fortunate!"

"Help! help! . . ."

Louder and louder he brays!

"He sabotaged the whole metro! . . . he breathed everywhere!
. . . a monstrous anarchist! . . . sold out! . . . traitor! . . . traitor!"

I refute him! answer back . . . have to!

"Come tell it to Gaston! come on!"

I urge him . . .

"Don't stay here!"

"Yes, I'm going to tell him! . . . course I'm going to tell him!
. . . yeah, I'll tell him!"

"Come along then! hurry it up! you fink! stoolie!"

He was coming . . . stops! . . . bellows!

"Piss first! piss first!"

"But that's all you do!"

He didn't realize! . . . people are watching us, they are! . . .
how he does piss! lets it flow! . . . the puddle in the sand . . . I
whisper . . .

« C'est un blessé de la guerre 14 ! trépané !... il sait plus... il sait plus ce qu'il dit ! Colonel de la guerre 14 !... »

C'est un prestige la guerre 14... et Colonel !... qu'ils me cherchent un taxi eux, qu'ils se magnent ! je leur fais signe !... qu'ils en arrêtent un qui passe !... qu'ils m'aident !... que je vais le mener à l'hôpital !... qu'ils restent pas à encombrer !

« Qu'est-ce qu'il a ?... qu'est-ce qu'il a ? »

Ils insistent !...

« Il a trop parlé c'est tout ! trop parlé !... ça lui a provoqué l'accès !... les nerfs !... sa tête !

— L'accès de quoi ? »

Ils veulent savoir...

« C'est le métro ! non ! c'est le métro ! »

Encore une fois il me réfute ! et sur quel ton ! il m'a entendu chuchoter...

« Sauvez-moi ! sauvez-moi tous ! »

Il appelle au secours !

« Un taxi pour l'amour de Dieu ! »

J'exhorte aussi !... ils ont qu'à regarder comme il pisse !... la flaque ! la flaque, là ! pas de moi !... de lui !... qu'ils regardent !

« Ah, oui ! ah, oui ! »

Ils admettent... ils se rendent compte... c'est lui !... c'est bien lui !... ils m'aident que je l'avance... qu'on se sorte des graviers... ils nous poussent... on arrive au rebord du trottoir... le taxi est là...

« Montez ! montez, Colonel ! »

Il est méfiant... encore !

« Craignez rien ! Colonel, montez !... Colonel !

— On va chez M. Gallimard ?

— Sûr de sûr !... Cochon ! »

Il m'excède !

« C'est pas le métro ?

— Mais non ! regardez ! »

Il monte !... il veut bien... mais je le pousse... on le pousse tous !... le chauffeur fait plutôt la gueule... je lui dis :

« Roulez tout doucement !... c'est un malade !... attention !... doucement !

— Où ?

— 5, rue Sébastien-Bottin ! »

"He was wounded in the First World War! trepanned! . . . he doesn't know . . . doesn't know what he's saying! Colonel, World War One . . ."

That's prestigious, World War One . . . and a colonel! . . . won't they get me a taxi, hop to it! I beckon! . . . won't they stop a passing cab! . . . help me out! . . . since I'm taking him to the hospital! . . . not just stand there in the way!

"What's wrong with him! . . . what's wrong with him?"

They insist! . . .

"He has talked too much, that's all! talked too much! . . . that brought on the attack! . . . nerves! . . . his head!"

"What kind of attack?"

They want to know . . .

"It's the metro! no! it's the metro!"

Once again he refutes what I say! and such a tone! he heard me whispering . . .

"Help me! help me, everyone!"

He's calling for help!

"A taxi, for God's sake!"

I exhort them on! . . . they have only to see how he's pissing! . . . the puddle! look at that puddle! not my doing! . . . his! . . . let them look!

"Ah, yes! ah, yes!"

They admit . . . they realize . . . he's the one! him for sure! . . . they help me move him along . . . get off the gravel . . . push us along . . . we arrive at the curb . . . taxi's there.

"Get in! get in, Colonel!"

He's still suspicious!

"Nothing to be afraid of! Colonel, hop in! Colonel!"

"We going to Gallimard's?"

"Sure as hell! . . . Bastard!"

He wears me out!

"Isn't it the metro?"

"Course not! look!"

He climbs aboard! . . . willing enough . . . but I shove him . . . we all shove! . . . the driver pulls a long face . . . I tell him:

"Drive slow! . . . he's ill! . . . careful! . . . slowly!"

"Where to?"

"Five Sébastien-Bottin!"

Je remercie tous les gens autour... ils me posent encore des questions !... « quel hôpital vous allez ?... » Je presse le mouvement... le taxi démarre... Ouf !... ce taxi cahote... mon interviouveur dodeline... il va s'endormir... je crois... je crois... il cligne des yeux... comment que je l'ai échappé belle !... oh, mais son pipi ?... au fait ? son pipi ?... les coussins ? s'il inondait la voiture ?... j'osais pas regarder... on allait vraiment très doucement... une affluence de camions... Les Halles !... arrêtés presque à chaque mètre !... feux rouges !... feux jaunes !... bon !... nous voilà tout de même au Châtelet... je me dis : il roupille !... ça ira !... va foutre ! il ouvre un œil !... juste ! il regarde dehors... il regarde la place... j'ai pas le temps de faire « ouf » !... vous me croirez !... il tape au carreau !... il cogne !... et comment !... bing ! bong ! un raffut !... et qu'il recommence ses appels !

« Au secours ! au secours ! »

Tant qu'il peut !... le scandale place du Châtelet !... c'est un scandaleux !... il veut du scandale ! les gens accourent... encore un trêpe !...

« Alors ? alors ? quoi ? quoi ?... »

Le chauffeur arrête... ouvre la porte... encore j'ai pas le temps de faire ouf ! mon énergumène s'est projeté ! la porte vole ! oui ! et il hurle !... il est loin !... je cours après !... il est déjà au bassin !... à califourchon ! sur la margelle du bassin !

« De l'eau ! de l'eau ! »

Qu'il réclame !... je fonce !... je lui attrape un pied ! et l'autre pied !... il se déshabillait !... il voulait se baigner là, tel quel ! dans le bassin !... le chauffeur court après moi... crie après moi !...

« Mon compteur ! et mon compteur ! »

Je lâche le pied de mon scandaleux... je reviens au chauffeur... je le paye... vite ! vite ! au bassin ! au bassin ! je rattrape mon plongeur ! par le pied !... les flics y sont !

« Qu'est-ce qu'il fait ?... vous le connaissez !... il est avec vous ? » Ils me demandent...

« Je le ramène chez lui !... je suis son médecin !

I thank those standing around . . . they ask more questions!
. . . "What hospital you going to? . . ." I urge the driver on . . .
the taxi starts up . . . Ouf! . . . it lurches forward . . . my interviewer's head is nodding . . . he's going to sleep . . . I believe . . . I
believe . . . he blinks his eyes . . . how I barely escaped that one!
. . . oh, but his peeing? . . . good point! his peeing? . . . the
cushions? suppose he flooded the vehicle! . . . didn't dare look
. . . we were really going very slowly . . . a congestion of trucks
. . . the markets! . . . stopping every three or four feet! . . . red
lights! yellow lights! . . . okay . . . we get to the Châtelet[80] anyway . . . I say to myself: he's drowsing off! . . . be okay! . . . hell
he will! cracks an eye open! . . . barely! looks out . . . he looks at
the square . . . I haven't the time to gather my wits! . . . believe it
or not! . . . he raps on the window! . . . bangs away! . . . really!
. . . bang! bong! a squall of blows! . . . and then he starts bawling
again!
"Help! help!"
Loud as he can! . . . scandal right in the Châtelet Square! it's
scandalous! . . . he wants a scandal! . . . people run up . . . another mob! . . .
"What's this! what's this?"
"Hey! now! what's going on?"
The driver stops . . . unlatches the door . . . once more I don't
have time to say "boo"! my wild man throws himself forward!
the door flies open! wide! and he screams! . . . he's halfway down
the street! . . . me running after! . . . he's reached the fountain!
. . . straddles it! on the rim of the pool!
"Water! water!"
He cries! . . . I charge in! . . . grab one foot! then the other!
. . . he was tearing off his clothes! . . . wanted to bathe, right
there! as is! in the pool! . . . the driver full tilt after me . . . shout-
ing at me! . . ."
"My fare! how about my fare!"
I let go my scandalous friend . . . I return to the driver . . . pay
him off . . . quick! quick! to the pool! to the pool! I regrab my
diver! by the foot! . . . the cops are there!
"What's he up to? . . . you know him! . . . is he with you?"
They ask me . . .
"I'm taking him back home! . . . I'm his doctor!"

— Montrez vos papiers ! »

Je les leur montre... je veux pas leur parler d'hôpital... ça durerait des heures !... ils me feraient venir une ambulance !... ça serait chouette ! faudrait encore que j'explique... j'avais ma claque ! les flics y tenaient pas non plus !... qu'on s'en aille, voilà !... c'est tout !... je leur avais montré mes papiers... déjà pour le taxi, pardon !... j'en étais sorti !... qu'on décanille !... filer qu'il fallait !... que ça fasse pas émeute !

« Faites-le rhabiller alors !... où vous le menez ?

— 5, rue Sébastien-Bottin !

— Il demeure chez vous ?

— Non ! chez sa femme !

— Qu'est-ce qu'il a ?

— C'est un blessé de la guerre 14 ! »

Mais comment qu'il beugle mon blessé !

« Je veux voir Gaston ! je veux voir Gaston ! agents ! Gaston !

— Qui c'est Gaston ?

— C'est son oncle ! »

J'affirme...

« Alors traînez pas ! emmenez-le ! rhabillez-le ! »

Heureusement, juste tout d'un coup... il veut bien !... et il veut plus d'eau !... plus du tout !... il se laisse glisser du haut de la vasque !... du rebord... il renfile son pantalon... tout seul... il passe sa chemise... je l'active... je l'aide... j'avais une peur que les gens s'en mêlent !... ils s'écartent... ils nous laissent passer... ça va !... ils sont moins têtus qu'au Square... c'est moi qui me trouverais vraiment mal... les éblouissements qui me passent !... et c'est moi qui guide !... moi, qui le soutiens ! moi, qui réponds à toute la foule !... et aux flics !... moi, qu'aurais plutôt le droit de m'asseoir !... un peu !... je suis mutilé, moi aussi ! je voudrais bien m'asseoir... je connais un chouette café là, juste... enfin chouette pour nous... après le théâtre... qu'a une arrière-salle... je connais... je connais...

« Colonel, vous êtes fatigué !... on va s'arrêter une minute !... un petit cognac vous fera du bien ! là, en face... donnez-moi le bras ! »

Il m'obéit... il est sage... je lui fais retraverser toute la place... et puis obliquer à droite... nous traversons dans les clous...

"Let me see your papers!"

I show them to them . . . I don't want to mention the word hospital . . . that would take hours! . . . they'd call me an ambulance! . . . wouldn't that be lovely! have to explain that one! I had my fill of this! the cops too, they weren't very eager! . . . just go away, that's all! . . . go away! . . . I had shown them my papers . . . already, for the taxi, sorry about that! . . . had just gotten out! . . . now move along! . . . clear out, that's what I had to do! . . . not cause a riot!

"Have him get dressed again then! . . . where you taking him?"

"5 Sébastien-Bottin!"

"He live with you?"

"No, with his wife!"

"What's the matter with him?"

"He's a wounded veteran, World War One."

My, how that wounded soldier could bellow!

"I want to see Gaston! I want to see Gaston! officers! Gaston!"

"Who is Gaston?"

"It's his uncle!"

I assure them . . .

"Well, move along! take him away! get him dressed!"

Fortunately, all of a sudden . . . he's willing! . . . doesn't want more water! none at all! he lowers himself down from the pool . . . over the rim . . . he pulls his pants back on . . . all by himself . . . slips into his shirt . . . I prod him along . . . assist . . . real afraid people might get involved with us! . . . they step aside . . . let us by . . . great! . . . they're not so stubborn as the ones at the park! . . . I'm the one who might get sick! . . . me and my dizzy spells! . . . and I'm the one in charge! . . . holding him up! . . . the one responsible to the crowd! . . . and the cops! . . . who should have the right to sit down! . . . a minute! . . . I'm a wounded vet, me too! I'd truly love to sit down. I know a sweet little café nearby . . . well, just fine for us . . . past the theater . . . with a backroom . . . I know the place . . . I know . . .

"Colonel, you look tired! . . . we'll stop a minute! . . . a little cognac will pick you up! there, across the way . . . give me your arm!"

He obeys . . . well behaved now . . . I have him cross back over the square . . . then slant to the right . . . we're passing at the crosswalk . . .

« Au quai, Colonel ! au quai, d'abord ! »

On y est !... et on s'immobilise là, pile ! il s'immobilise ! tout ébaubi !

« Venez ! venez Colonel !

— Quoi ? des fleurs ! des fleurs ! »

Qu'il me fait...

« Quoi ? des fleurs ?

— Des fleurs pour Gaston ! plein de fleurs pour Gaston ! »

Je vais pas le contrarier...

« Je veux offrir des fleurs à Gaston ! plein de fleurs à Gaston ! plein de fleurs à Gaston !

— Mais oui, Colonel ! mais oui !

— Achetez-moi des fleurs pour Gaston ! »

Le sans-gêne !

« Qu'est-ce que vous voulez comme fleurs ?

— De tout !... tout pour Gaston !... des roses ! des roses !... et plein de glaïeuls !... je vous tue si vous voulez pas !... plein de roses aussi, hein ?... plein de roses ! »

L'air qu'il dit ça ! il le pense !... les flics nous observent... de l'autre côté de la chaussée... du trottoir d'en face... qu'il me pique une autre crise, mon merle !... ils rappliquent !... ils nous embarquent !... j'achète donc... c'est moi qu'obéis !... je lui laisse prendre une rose... dix roses... tout ce qu'il veut ! il veut pas que des roses... il veut des lys... et des œillets ! trois bottes de lys !... et puis un hortensia en pot ! un énorme ! en plus des glaïeuls... je règle la marchande... je dis rien...

« Ça va faire plaisir à Gaston ? »

Il jubile !... heureusement, je vois mon bistrot... là, en face... juste en face !... encore d'autres clous !

« C'est là ! c'est là, Colonel ! »

Ça y est ! on y est... tout chargés de fleurs !... en passant devant le comptoir j'explique :

« On va se mettre au fond... hein ? on sera mieux !... avec les fleurs !... c'est pour un mariage !... »

Le fond, c'est la salle de billard... cette salle est sombre... c'est pas l'heure des joueurs... je répète au garçon...

« On va ensemble à un mariage !... »

Lui là mon louf, du coup des fleurs, il est tout autre ! dans la joie qu'il est ! il grogne plus... il est aux anges !

"Toward the quay first, Colonel! toward the quay!"

There we are! . . . and we fall in heaps there, dead! he doesn't budge! flummoxed!

"Come! come, Colonel!"

"What? . . . flowers! flowers!"

He says to me . . .

"What about them? flowers?"

"Flowers for Gaston! lots of flowers for Gaston!"

I'm not about to cross him.

"I want to offer some flowers to Gaston! lots of flowers for Gaston! lots of flowers for Gaston!"

"Why, of course, Colonel! why, of course!"

"Buy me some flowers for Gaston!"

He's free with my money!

"What kind of flowers you want?"

"A little of everything! . . . all for Gaston! . . . roses! roses! . . . and lots of glads . . . I'll kill you if you refuse! . . . lots of roses too, right! . . . lots of roses!"

The way he says that! he thinks it out! . . . some cops are watching us . . . from the other side of the street . . . far sidewalk . . . he goes into another fit on me, this customer of mine! . . . they'll zoom in! . . . take us away! . . . so I buy . . . me, the obedient one . . . I let him take a rose . . . ten roses . . . all he wants! he doesn't just want roses . . . he wants lilies . . . and carnations! three bunches of lilies! . . . and then a potted hydrangea! enormous one! and some glads too . . . I settle the bill, say nothing . . .

"This is going to please Gaston?"

He's jubilant! . . . fortunately, I see my bistrot . . . there, across the street . . . right across the street! . . . one more crosswalk!

"There it is! there it is, Colonel!"

At last! we're there . . . loaded down with flowers! . . . passing by the bar I explain:

"We're going to sit in the back . . . okay? we'll be more comfortable! . . . with all these flowers! . . . it's for a wedding!"

In back is the poolroom . . . it's dark . . . no players there at that hour . . . I repeat to the waiter . . .

"We're going to a wedding together! . . ."

But my little crackpot, with this flower binge, he's completely changed! seventh heaven! no more grumbling . . . in paradise!

« Ce qu'il va être content Gaston, hein ?

— Je crois bien ! je crois bien !

— Il aime mieux les roses ? ou les lys ?

— Il raffole des deux !

— Et les écrivains comment qu'il les aime ?

— Il aimerait bien qu'ils crèvent tous !

— Qui écrirait alors ses livres ? »

Quelle question !

« Mais vous Colonel, pardi ! vous tout seul !

— Tous ses livres ?

— Cette bonne blague ! bien sûr ! personne autre !

— Je pourrais ?

— Ah, là, là ! un jeu ! un jeu pour vous !

— Quel jeu ?

— Mais voyons ! je vous ai raconté la technique !

— Ah, c'est vrai ! c'est vrai !

— Vous avez tout oublié ?

— Oh non ! que non !... j'ai rien oublié : le rail émotif ! le métro ! dare-dare à trois points ! Pigalle-Issy, une minute !

— Et puis ?

— Tous les lecteurs ensorcelés !

— Bon ! mais c'est pas tout ! c'est pas tout !

— Le style profilé spécial !

— Exactement !

— Le génial « rendu émotif » ! la grande Révolution des Lettres !

— Encore ? encore, Colonel ?

— *Enfin Céline vint !*

— Avec conviction, Colonel !... pas pardessus la jambe : Céline !... soyez pénétré ! la foi ! la foi, Colonel ! répétez !

— *Enfin Céline vint !*

— Bon ! là ! c'est mieux !... c'est pas mal !... mais encore ?... je vous ai pas parlé de cinéma ?...

— Si ! si ! si !... qu'il était foutu le cinéma !... que le style émotif l'avait tué !...

— Très bien !... très bien !...

— Mais vous ?... Gaston ?... dites-moi ?... Gaston ?...

Ça y est !... ça le reprend !... sa marotte !...

"How happy Gaston will be, don't you think?"

"I should say so! I should say so!"

"Does he prefer roses? or lilies?"

"He's wild about both of them!"

"What about writers, which kind does he prefer?"

"He'd be happy if they all dropped dead!"

"Well, who would write his books then?"

Good question!

"Why, you, Colonel, bet on it! just you alone!"

"All his books?"

"Just a fun joke! of course! nobody else!"

"Could I?"

"There now, just a game! a game for you!"

"What game?"

"Why, you know! I told you my technique!"

"Ah, that's true! that's true!"

"Have you forgotten it all?"

"Oh, no! 'course not! . . . not forgotten a thing: the emotive rail! the metro! less than no time with three dots! Pigalle-Issy, one minute!"

"And then?"

"All the readers bewitched!"

"Good! but that's not all! that's not all!"

"The special streamlined style!"

"You've got it!"

"The inspired 'emotive yield!' the great Revolution of Letters!"

"Still more! still more, Colonel?"

"'Enfin Céline vint!'"[81]

"With conviction, Colonel! . . . not just offhandedly: Céline! . . . be convinced! it takes confidence, Colonel! repeat!"

"'Enfin Céline vint!'"

"Fine! there, that's better! . . . not bad at all! . . . and then what? didn't I talk to you about the cinema? . . ."

"Yes! yes! yes! . . . that it was ready to fold, cinema! . . . that emotive style had killed it off! . . ."

"Fine! . . . fine! . . ."

"But you! . . . and Gaston! . . . tell me about that? . . . Gaston?"

That gets him! . . . he's off! . . . his special mania! . . .

« Nous allons le voir !... je vous ai juré !... »

Tout pour qu'il me repique pas une crise !... je vois les flics dehors, qui vont... viennent... ils rentrent nous cueillir, pas un pli ! si mon sacripant raffute !... on y coupe pas !... faut que je l'occupe !...

— Prenez donc quelque chose, Colonel !

— Oh, oui !... oh oui ! »

Il bondit !... un saut ! au zinc !... il m'a encore échappé !... le bougre !... la détente qu'il a ! et il chante !

« *Glouglou ! glouglou ! voici la Parisienne !...* Bistrot ! en vitesse ! là youp !... un blanc gommé !... et un grand rhum ! et un demi ! ah !... et un café noir ! »

Il commande... il se ravise...

« Non ! pas de café noir !... un crème ! »

Là, il me montre du doigt au bistrot !... et à sa femme...

« Celui-là ! oui, celui-là ! regardez-le ! regardez-le bien ! celui-là ! il voudrait que j'en prenne !... l'assassin !

— Quoi ? Quoi ? »

Ils se demandent le bistrot, sa femme...

« Du café noir !... il voudrait m'empoisonner !... bien sûr ! bien sûr !... il a dévissé tous les rails ! Messieurs Mesdames !... l'individu que c'est !... regardez-le ! oui !... celui-là !... »

Ils me regardent... moi, toujours ma présence d'esprit !... je suis pas éberlué du tout !... on est en bordée !... en pleine rigolade !... je joue le jeu !... joyeux invités, marrants au possible !... garçons d'honneur !... la preuve : notre gros hortensia ! notre pot !... fameux drilles qu'on est ! déjà fin ronds saouls ! c'est tout ! voilà ! le bistrot, la bistrote se demandent... puis ils rient aussi... ça va !... ils se mettent à rire ! il trépide au zinc mon louf ! il entrechoque les verres pleins... il en fout un par terre !... un plein !... deux !... puis trois ! je fais signe qu'il faut pas le contrarier... ils lui versent un autre verre de bière... ce coup-là il le boit... il verse tous les autres verres dans son demi vide !... le blanc gommé, le grand cognac, et un kirsch en plus ! oui le kirsch d'un client !... « Dites donc ? Dites donc ? » que le client râle... ah, et puis quand même le petit noir !... il enquille tout !

"We're going to see him! . . . I promised!"

Anything so he won't throw a new tantrum! . . . I can see the cops outside, walking . . . back and forth . . . they'll come pick us up, no two ways about it! if this galoot kicks up a row! . . . can't avoid it! . . . I got to keep him busy! . . .

"Have something, Colonel!"

"Oh, yes! . . . oh, yes!"

Leaps to his feet . . . one bound! at the counter! . . . slipped away from me again! . . . the bugger! . . . once he's rested! and he sings!

"Glug glug! glug glug! here comes the Paris maid! . . . Service here! make it snappy! alley oop! . . . a sweet white wine and a large rum! . . . a beer! oh, yes! . . . and a black coffee!"

He orders . . . changes his mind . . .

"Hold that black coffee! . . . with cream!"

Then, he points me out to the barkeep! . . . and to his wife . . .

"That fellow! yeah, that one! take a look at him! take a good look at him! that guy! he wants me to have some, that murderer!"

"What? what?"

They both look doubtful, the barkeep, his wife . . .

"That black coffee! . . . he'd like to poison me! . . . of course! of course! . . . he has unbolted all the rails! Ladies and gentlemen! . . . that guy there! . . . look at him! yeah! . . . that's him!"

They look at me . . . me and my presence of mind! not a bit flustered! . . . we're heading for a great party! . . . a real lark! . . . I'm playing along! joyous guests, riotous! . . . ushers! . . . the proof: our enormous hydrangea! in its pot! we're really great fellows! already drunk as lords! that's all! the whole story! the barkeep, his wife aren't sure . . . then burst out laughing too . . . it's okay! . . . they start laughing! my screwball, he's standing there at the bar, shaking away! clinking his full glasses together . . . dumps one on the floor! . . . full! . . . two! . . . then three! I beckon to them not to get him mad . . . they pour him another glass of beer . . . this time he drinks it . . . pours all the other drinks in his empty beer glass! . . . the sweet white wine, the double cognac, and a kirsch besides! . . . yeah, a customer's kirsch! . . . "Hey! hey! what's going on?" the customer grouses! . . . ah, and then, what the hell, the black coffee too! . . . and swills it all down!

« On part ? on part ? »

Maintenant, la hâte !... que je paye et qu'on se taille !...

« Voilà Colonel ! voilà ! »

Je suis aux ordres !... il titube... je dis : il va vomir !... si il dégueule devant les flics ?... ou sur les flics ?...

« On prend un taxi, Colonel ? »

Il veut pas !

« Non !... faites attention à mes fleurs ! »

Je porte le pot... lui, il a les gerbes... plein les bras... les lys, les
glaïeuls, les roses... je vais pas le contrarier !

« Lâchez pas le pot ! »

Il me recommande... mais il vogue et houle... je lui rattrape ses
fleurs, le beau con !... et je l'épaule !... je le soutiens qu'il marche...
les gens nous suivent... il a des hoquets... on arrive au Pont des
Arts... on avance... mal, mais on avance !... c'est bien grâce au
parapet !... cahin-caha... je le pousse contre le parapet... de la
façon qu'il oscille il se fouterait sous l'autobus... et y a des autobus féroces !... moi-même je tenais difficilement... je veux dire :
debout ! j'étais extrêmement fatigué... moi, c'est parler qui me
fatigue... j'aime pas parler... je hais la parole... rien m'exténue
plus... pour ce sale con que j'avais parlé... et pas qu'un peu !...
une bavette d'heures ! lui, qu'aurait dû tenir le crachoir !... foutu
interviouveur mes nouilles !... ils me l'avaient choisi !... de la
façon qu'il titubait s'il se nouait les pieds, se les entremêlait ?
qu'il bascule sous l'autobus ? c'était possible !... il me faisait de
ces embardées !... de ces à-coups ! une brute !... j'avais vu !... je
voudrais pas qu'on se trompe ! que les gens pensent alors, fatal...
quand il serait sous l'autobus, que c'est moi qui l'avais poussé !...
les gens s'ils sont tendancieux !... je les connais !... horribles !...
ils vous voient assassin d'abord !... vous les intéressez que pour
ça !... ils ont qu'envie de vous faire buter... vous faire couper le
cou ! je pouvais le pousser à l'eau... certes !... certes !... pas que
sous l'autobus !... le foutre à l'eau !... ce Colonel Réséda, alias
professeur Y !... pardi !... je l'envoyais !... lui et son pot et ses

"Shall we go? shall we go!"

Now, hustle it! . . . long as I pay and we take off! . . .

"Well, Colonel! that's that!"

I'm at his service! . . . he's staggering . . . I think: he's going to vomit! . . . what if he pukes in front of the cops? . . . or on the cops! . . .

"Shall we take a cab, Colonel?"

He refuses!

"No! . . . careful with my flowers!"

I'm carrying the pot . . . he's got the sprays . . . arms full . . . the lilies, the glads, the roses . . . I'm not going to mess with him!

"Don't drop the pot!"

He advises me . . . but he's pitching and yawing . . . I pick up his flowers for him, the damn fool! . . . and lend him a hand! . . . support him so he can walk . . . people follow . . . he hiccups . . . we get to the Pont des Arts[87] . . . keep on . . . not well, but we move along! . . . thanks to the railing! . . . we make our way along . . . I push him against the railing . . . the way he's swaying he'd fall flat under a bus . . . and some buses are ferocious! . . . myself, I was managing with difficulty . . . I mean: to stay on my feet! I was extremely tired . . . talking does me in, it does . . . don't like to talk . . . I hate oral speech . . . nothing wears me out so . . . it was for this wretched bastard that I had talked . . . and quite a bit! . . . a chat, hours long! he's the one who should have led the conversation! . . . goddam interviewer, my ass! . . . they had chosen him for me . . . the way he's tottering, suppose he tripped himself up, wrapped his legs around each other, would he take a nose dive under a bus? it was possible! . . . he was crashing into me! . . . jolts! he was a brute! . . . I had noted! . . . wouldn't want people to have the wrong idea! any idea can be fatal . . . if he were under the bus, I'd be the one who pushed him! people jump to conclusions! . . . I know them! . . . horrible creatures! . . . they judge you first as an assassin! the only way you can rouse their interest! . . . all they want is to see you get it . . . throat cut! I could push him over into the water . . . of course! . . . of course! . . . not just under a bus! . . . send him headlong into the drink! . . . that Colonel Réséda fellow, alias Professor Y! . . . you can bet on it! . . . one good shove! him and

gerbes !... par-dessus bord ! par-dessus la rampe du pont !... un bon coup !... cette rigolade ! vous pensez ! j'y pensais pour rire !... mais il y pensait aussi, lui ! et comment !... et comment !... et lui pas pour rire !... « Viens ! viens! » qu'il me fait... et il me saute dessus !... d'autor ! j'aurais pas cru !... si ! si ! ça y est !... à bras-le-corps il m'a ! il m'attrape ! il me tient !... je me dégage !... le sauvage !... les gens rigolent ! deux ivrognes qui se battent !

« Allons ! allons, Colonel ! »

Il faut que personne se rende compte... qu'on ait l'air de s'amuser !...

« Traversons !... traversons vite, Colonel ! Gaston nous attend ! »

Les gens s'en mêlent...

« Qui c'est Gaston ?

— Son oncle ! son oncle ! »

Je leur ai déjà dit ! qu'ils me foutent la paix !... je vois l'heure au cadran de l'Institut... il est plus de « cinq heures » !... ils ferment à « cinq heures » à la N. R. F. ! on arrive au bout du pont...

« Allons, Colonel !... »

Après l'Institut, les petites rues... et le boulevard Raspail...

« Allons, Colonel ! Gaston vous attend ! »

Qu'il reste pas en panne !... si je me méfie de ses sursauts !... nous sommes Square du « Bon Marché »... clopin-clopant... les gens nous suivent... le Colonel propose...

« Si on s'assoyait un petit peu ? »

Ah, ça, je veux pas !... oh, je veux pas ! je veux pas du Square !... encore un Square !...

« Mais non, Colonel ! mais non ! nous sommes à deux pas ! deux pas de chez Gaston ! »

C'était vrai !... trois ou quatre minutes... au plus ! il tanguait... il zigzaguait... moi aussi... lui c'était sûrement la biture !... son mélange au zinc !... moi, non !... oh, moi non !... moi c'était de ma tête !... et d'avoir bien trop jacassé !

« Gaston y sera ?

his pot and his bouquets! overboard! over the railing! . . . one good push! . . . what a farce! imagine! I was thinking about it to get a laugh! . . . but he was thinking about it too! really was! . . . only, not for laughs! . . . "Come on! come on!" he tells me , . . and attacks! . . . just like that! I wouldn't have believed it! . . . but he does! this is it! he's got me around the waist! catches me! holds me! . . . I break free! . . . that ape! people get a kick out of it! two drunks[83] brawling!

"Come now, Colonel! come now!"

Nobody must realize . . . got to make them think we're playing a game! . . .

"Let's cross! . . . let's cross over quickly, Colonel! Gaston's waiting!"

The people intercede . . .

"Who's Gaston?"

"His uncle! his uncle!"

I've already told them! let them leave me the hell alone! . . .

I see the time on the Institute[84] clock . . . it is past five! . . . they close at five o'clock . . . at the N.R.F.! we reach the end of the bridge . . .

"Let's go, Colonel! . . ."

Beyond the Institute, the small streets . . . and boulevard Raspail . . .

"Let's go, Colonel! Gaston is waiting for you!"

Don't want him to fall apart on me! . . . I'm suspicious enough about his wild forays! . . . we're at the Bon Marché Park . . . clumping along . . . people trailing behind . . . the colonel suggests . . .

"Suppose we sit down a bit?"

Now that, I don't want to do! . . . oh, not at all! want nothing to do with another park . . . one more park! . . .

"No, Colonel! we're but a stone's throw away! a stone's throw from Gaston's!"

It's true! . . . three or four minutes . . . at most! he was weaving . . . zigzagging . . . I was too . . . with him, it was surely booze! . . . his mix at the counter! . . . myself, no! . . . myself, not at all! . . . with me, it was my head! . . . and for having prattled on so long!

"Will Gaston be there?"

— Je vous l'ai juré, Colonel !

— Il aimera les fleurs ?

— Il les adore !... mais les lâchez pas !... vous les lâchez !... je lâche pas le pot, moi ! »

C'est vrai, il perdait ses fleurs !... il en avait encore bien sûr !... dix... quinze gerbes !...

« Vous voyez ce que c'est que la surface ? vous vous rendez compte Colonel ? vous existez plus ! je vous le disais !... je vous le disais bien !... c'est un micmac !... c'est une horreur !... vous perdez tout, Colonel ! »

Il m'écoute pas... il m'entend pas... on va... je lui tiens bien le bras... son bras droit... il aura plus de fleurs si ça continue !... il en perd encore !... j'en ramasse... les gens m'aident... on les lui remet dans les bras... et si ça commente ! y en a qui nous suivent depuis le Châtelet... toutes sortes de questions, surtout à propos de son grade...

« Vous croyez qu'il est Colonel ? »

Ça ça les intrigue... s'il est vraiment Colonel ?

« Vous êtes médecin ?... vous ?... où vous allez ?... vous avez dit à un mariage ?... vous avez dit à l'hôpital ?... »

J'avais beaucoup dit... je m'étais contredit... je me rendais compte... ils voulaient savoir... tout savoir !... hé ! qu'ils nous laissent arriver !... c'est tout !... on était plus loin... la rue du Bac, là... le carrefour, la rue Sébastien-Bottin... il s'agit pas de se tromper de porte... le « 5 » !... maintenant, de nous engouffrer dedans ! juste ! hop ! là !... nous deux !... qu'ils restent dehors eux ! sales renifleurs bredouilles bourriques clique !

« Quel numéro vous allez ? »

Ils veulent tout savoir !... je leur crie : merde !... je file un ramponneau au Colon !... toute ma force !... qu'il en flageole ! tombe sur les genoux... presque !... je le rattrape !... il perd ses lys !... je les lui ramasse... il les reperd encore !...

« Colonel !... Colonel ! »

Je vogue moi-même... j'ai la sensation de voguer... mais courage !... courage !

« Colonel !... ça y est !... nous y sommes ! on y est !... »

Une autre bourrade !... qu'il hésite plus !... vlang !.. qu'il fasse pas demi tour !... vlang !... qu'il fonce dans la porte ! qu'il en-

"That's what I promised, Colonel!"

"Will he like the flowers?"

"He adores them! . . . but don't drop them! . . . you keep on dropping them! I'm not dropping the pot!"

It's true, he was losing his flowers! . . . he still had some, of course! ten . . . fifteen bunches! . . .

"You see what the surface is like? you realize Colonel? you don't exist any more! I was telling you so! . . . I tell it the way it is! . . . one big jumble . . . a horror! . . . you're dropping everything, Colonel!"

He doesn't hear me . . . not listening . . . we go on . . . I'm holding him by the arm . . . his right arm . . . he won't have any more flowers at this rate! . . . still losing some! . . . I pick a few up . . . people help us . . . we stuff them back in his arms . . . the comments they make! some have been following us from the Châtelet . . . all sorts of questions, especially about his rank . . .

"You think he's a colonel?"

It really intrigues them . . . whether he's a real colonel?

"You a doctor? . . . you? . . . where you going! . . . you said a wedding? . . . you said the hospital?"

I had said a good deal . . . contradicted myself . . . I realized . . . they wanted to know . . . everything! . . . well, just let us get to where we're going! . . . that's all! . . . not far now! . . . rue du Bac, there . . . the crossroads, Sébastien-Bottin . . . no question of a wrong door . . . number 5! now, just to be swallowed up inside! let's move on! there! . . . both of us! let the others stay out! the dirty band of sniffling, jabbering idiots!

"What number you going to?"

They all want to know! . . . I yell to them: "Bugger off! . . ." I land the Colonel one great haymaker! . . . all my strength! . . . shakes him up a bit! falls to his knees . . . almost! . . . I catch him! . . . he's dropping his lilies! . . . I pick them up for him . . . they fall out of his arms! . . .

"Colonel! . . . Colonel!"

Tottering around myself . . . feel like I'm riding a wave . . . but courage! . . . courage!

"Colonel! . . . this is it! . . . we're here! we've arrived! . . ."

Another pummeling! . . . show him not to drag his butt! . . . whop! not to turn around! . . . whop! to charge through the

fonce la porte cochère !... puisqu'on y est maintenant !... on y est à la N. R. F. !... je roule avec lui sous l'autre voûte !... l'élan !... la monumentale !... les suiveurs veulent entrer aussi !

« Non ! non ! non ! »

Le concierge s'oppose ! et je m'oppose ! heureusement qu'il est là le concierge !

« C'est fermé ! c'ets fermé ! charognes ! saligauds ! allez ! »

Il les refout dehors ! heureusement qu'il est athlète !... ils sont une bande qui veulent forcer !

« C'est fermé, je vous dis ! bordel ! c'est fermé ! »

Et il boucle la lourde ! la grande lourde ! cling ! clac ! clac ! si ça râle ! dehors !...

Ils frappent ! ils secouent ! tant qu'ils peuvent !... ils se font mal... ils frappent plus...

« Qui c'est cet homme-là ? »

Le concierge me demande.

« Chutt ! chutt !... chutt !... c'est un auteur !...

— Je le connais pas...

— Chutt !... chutt !... chutt !... c'est un auteur !... il a une crise !...

— Une crise de quoi ? »

Je lui fais signe : sa tête !...

« Mutilé de 14 !

— Ah !... »

Faut que je lui explique... à lui et sa femme... ils sont deux maintenant... sa femme est sortie de la loge...

« Colonel de la guerre 14 !

— Ah !... ah !...

— Faudrait qu'il se repose ! Monsieur Gallimard l'attend... il a rendez-vous !

— Maintenant ?

— Oui !

— Mais monsieur Gaston est parti !

— On a eu un accident !... pour ça qu'on est un peu en retard... on a eu un accident !... mais il le verra demain ! demain matin !

— Il va pas rester là tout de même !

— Si ! si, madame ! »

door! batter down the carriage doors! . . . since we've made it!
. . . we're at the N.R.F.! . . . I sway with him under the second
archway! . . . headstart! big one! . . . the followers want in too!

"No! no! no!"

The concierge won't allow it! nor will I! good thing the concierge is there!

"We're closed! we're closed! you bastards! filthy pricks, take
off!"

He shoves them back out! fortunately, he's the athletic type!
. . . it's a gang who want to break their way in!

"We're closed, I tell you! chrissake! we're closed!"

And he bolts the door! the big door! click, clack, clack! listen
to the howl outside.

They pound! shake! hard as they can! . . . they hurt themselves! . . . stop pounding . . .

"Who is that man?"

The concierge is asking me!

"Shh! shh! . . . shh! . . . he's an author! . . ."

"I don't know him . . ."

"Shh! . . . shh! . . . shh! . . . an author! . . . he's had a breakdown! . . ."

"What kind of breakdown?"

I gesture: his head! . . .

"Maimed, World War One!"

"Ah! . . ."

I have to tell him . . . him and his wife . . . they're both there
now . . . his wife came out of her lodge . . .

"Colonel in World War One!"

"Ah! . . . ah! . . ."

"He should rest! Mr. Gallimard is expecting him . . . he has an
appointment!"

"Now?"

"Yes!"

"But Mr. Gallimard has left."

"We were in an accident . . . that's why the delay . . . we
had an accident! . . . but he will see him tomorrow! tomorrow
morning!"

"Even so, he's not staying here!"

"Oh, yes! yes, he is, madame!"

Je parle à la femme... elle est pas favorable du tout !... je brusque... c'est le moment de l'autorité !...

« Où vous allez le mettre ?

— Dans le grand salon !... il dormira !... chutt !... chutt !...

— Mais monsieur Gaston vient pas le soir !

— Ça fait rien !... il le verra demain !... je vous dis que c'est très important !... »

Ils me croient pas beaucoup...

« Là-haut ? là-haut ? »

Si j'entre dans les explications !... j'abrège !...

« Bon ! alors ici !... on va l'allonger ! »

Je décide.

« Qu'il dorme !... il faut qu'il dorme ! »

Debout tel quel déjà il dormait... il ronflait déjà !... là, entre moi et le concierge... on était nous deux à le soutenir...

« Vous, madame, prenez les fleurs !

— Où je les mets ?

— Dans l'eau !

— Et le pot ?

— Montez-le chez M. Gaston ! chez lui !... dans le bureau ! sur son bureau !

— Lui, alors on le laisse sous la voûte ? »

Y a un moment d'hésitation...

« Dans votre loge, si vous voulez ? sur le tapis ? »

Je propose...

« Puisque vous dites qu'il est malade... ça serait pas mieux l'hôpital ?

— Non ! non ! non ! M. Gallimard veut le voir ! d'abord ! »

Je discute pas !...

« Il a rendez-vous ! je vous dis ! il a rendez-vous ! vous avez peur qu'il dégueule ! »

Je vois ce que c'est !... ils ont peur pour leur tapis !

« Cherchez un oreiller, madame ! et une couverture ! qu'il attrape pas une pneumonie ! la tête sur les pavés comme ça ! »

Qu'ils se sentent responsables !

« Qu'il dorme ! qu'il dorme ! »

Ils se chuchotaient... ils se demandaient...

« Allez ! allez ! M. Gallimard l'attend ! »

Je l'attrape, elle... je la pousse... elle monte... y a un étage... je l'entends...

I'm speaking to the woman . . . she's quite hostile! . . . I am brusque . . . the moment to show authority!

"Where you going to put him?"

"In the lounge! . . . he'll sleep! . . . shh! . . . shh! . . ."

"But Mr. Gallimard doesn't come in, in the evening!"

"No matter! . . . he'll see him tomorrow! . . . I assure you it is quite important! . . ."

They don't really believe me . . .

"Upstairs? upstairs?"

If I go into details! . . . I cut it short! . . .

"Okay! here then! . . . we can stretch him out!"

My decision.

"Let him sleep! . . . he must sleep!"

Standing there on his two feet he was sound asleep . . . already snoring! . . . there between me and the concierge . . . we were both holding him up! . . .

"You, madame, do take the flowers!"

"Where do I put them?"

"In water!"

"And the pot?"

"Take it up to Gaston's office! right there, in his office, on his desk!"

"But him? we leave him here in the carriage gateway?"

A moment of hesitation . . .

"In your lodge, if that's all right? on the rug?"

I suggest . . .

"Since you say he's ill . . . wouldn't he be better at the hospital?"

"No! no! no! Mr. Gallimard is anxious to see him! first thing!"

I don't want to discuss the matter! . . .

"He has an appointment! I tell you! an appointment! you're afraid he might puke!"

I see the problem! . . . they fear for their rug!

"Find a pillow, madame! and a blanket! so he won't catch pneumonia! his head on the cobblestones like that!"

Let them feel responsible!

"Let him sleep! let him sleep!"

They whisper back and forth . . . they were wondering . . .

"Let's go now! Mr. Gallimard is waiting for him!"

I seize her, the wife . . . push her . . . she goes upstairs . . . one flight . . . I hear her . . .

« La couverture ! »

Elle retourne chercher une couverture... ça va !... le colon ronfle... on l'allonge sur les pavés... il ronfle sur le dur !... il est pas très bien mais il dort !... il a oreiller couverture !... il est à même les pavés ! à la dure ! je le dis !.. faut que ça se sache !... qu'ils retiennent bien, que tout le monde retienne que c'est grâce à moi !... eux, ils le laissaient sans couverture !... je regarde sous lui si il pisse... il pisse plus !... je lui prends son pouls... à 75... pouls normal !... les gens tapaient plus dans la porte...

« Y a encore quelqu'un dehors ? »

Je demande... le concierge entrouvre... il regarde...

« Non !... personne !...

— Quelle heure il est ?

— Dix heures !...

— Bon ! je remonte chez moi !... je vais pas être long ! j'ai une petite malade à voir !... et je redescends. »

Je décide ! j'ai mon idée... Montmartre et retour !...

« Vous emportez pas les fleurs ? »

Ah, ces fleurs !

« Non ! non ! mettez-les dans l'eau ! je vous ai dit !

— Et l'hortensia ?

— Dans le bureau de M. Gallimard !

— Vous croyez ? vous croyez ?

— Mais ils se connaissent !... je vous le répète ! M. Gallimard l'attend !

— On l'a jamais vu !

— Je vous expliquerai !... je reviens tout de suite ! »

Je les laisse cafouiller... je m'esquive !... la porte cochère... la rue... hop !... je zigzague un peu... c'est la nuit... j'ai hâte !... j'ai hâte !... y a que chez moi que je peux réfléchir... dehors je peux rien... y a que chez moi !... je vais redescendre... je vais revenir... certainement ! oui ! je vais le fignoler moi l'interviouve ! chez moi ! putain d'interviouve !... moi-même !... qu'est-ce qu'il me mettrait en se réveillant, lui ?... pardagon ! le Réséda ! je connais un peu la calomnie ! vous vous avez été témoin ?... vous avez tout vu !... bien vu !... témoin de tout ?... mais lui, comment qu'il m'arrangerait ! à son réveil ! un beurre ! l'histoire du métro !...

"The blanket!"

She comes back to fetch a blanket . . . fine! . . . the colonel is snoring . . . we stretch him out on the cobblestones . . . he's snoring away right on the ground! . . . not very comfortable but sleeping! . . . he has a pillow, blanket! . . . he's right on the cobblestones! hard bed! I say so! . . . everybody needs to know . . . want them all to fully remember, to remember that it's thanks to me! . . . they would have left him without a blanket! . . . I check under him see if he's pissing . . . he's stopped! . . . I take his pulse . . . 75 . . . normal! . . . people no longer beating on the door . . .

"Anybody still outside?"

I ask . . . concierge cracks the door . . . takes a look . . .

"No! . . . nobody! . . ."

"What time is it?"

"Ten! . . ."

"Good! I'm going back home! . . . won't be long! have one young patient to see! . . . then I'll be back."

I decide! I have an idea . . . Montmartre round trip! . . .

"You're not taking the flowers?"

Oh, those flowers!

"No! no! put them in water! I told you!"

"And the hydrangea?"

"In Mr. Gallimard's office!"

"You think it's all right?"

"Why, they know each other! . . . as I've said! Mr. Gallimard expects him!"

"We've never seen the man before!"

"I'll explain it to you! . . . be right back!"

I leave them to muddle through . . . slip out the carriage door! the street . . . on my way! . . . I zigzag a bit . . . it's dark . . . I'm in a hurry! . . . in a hurry! . . . I can only think at home . . . outside, nothing works . . . just at home! . . . I'm coming back down . . . I'll be back . . . of course! yes! going to polish up the interview a bit! at home! goddam interview! what would he write about me, when he woke up, that guy? devil take him! that Réséda! I know something about calumny! you, you were a witness! . . . you saw everything! . . . a good look! . . . saw it all? . . . but him, he'd really fix my wagon! when he woke up! a

des rails émotifs !... le taxi !... s'il me fignolerait ça ! et le bain de
la place du Châtelet !... et la Révolution du Style !... et la mort du
Cinéma ! ça serait coquet !... les paroles ignobles qu'il me ferait
dire ! de quoi me fâcher avec Paulhan ! Gaston ! et tous autres !
la maison entière ! ce sale faux être, professeur Y, Colonel ! la
haine qu'il me concentrerait !... l'ivrogne !... vous l'avez vu boire ?
mais pour remonter chez moi fallait que je trouve un taxi ?... plus
un seul métro ouvert !... plus un métro !... les grilles !... je suis
monté à pied !... vous me croirez ? oui ! tout à pied !... dans la
nuit... voilà comme je suis, comme courage... tout aussi, peut-
être plus invalide, mais oui !... mais oui, plus !... que le Colonel
Réséda !... que ce charogne interviouveur qui m'avait vraiment
éreinté ! esquinté, fini, on peut dire !... cabotin biaiseux ! chef-
d'œuvre de faux derge !... et biberon !... je pouvais me méfier !
oh, dangereux ! je me disais ça là sur le banc... Place Clichy... je
m'accordais un petit repos... combien il était ?... deux heures ?...
comment je retrouverai ma maison ?... au fait ? au fait ?... oh, je
la retrouverai ! une fois là-haut ça serait pas long... pour moi
c'est rien de rédiger... mais il faut que je réfléchisse d'abord !...
pas longtemps !... non, pas longtemps... une demi-heure... et
je peux réfléchir que chez moi !... chez moi ?... chez moi ?... je
savais plus bien !... je retrouverais ?... je retrouverais pas ?... le
sûr, il fallait que je me grouille !... poulope, drope ! artagada
nouille !... que j'y soye ! et dare-dare retraverse Paris !... que je
soye chez Paulhan avant lui !... chez le Paulhan !... avant que
l'autre soit réveillé ! qu'il se mette aussi à rédiger... alors ?...
alors ?... un gratin ! il demeure aux Arènes, le Paulhan !... il
existe encore des personnes qui savent où se trouvent les Arènes !
mais c'est un chemin !... ah, voilà ! voilà !... faut les reconnaître
les Arènes ! tudieu foutre ! par César ! Lucrèce, Lutèce !... ça
serait malheureux ! un petit peu !

Je dirai à Paulhan : « C'est nous deux ! voilà le papier ! on est
d'accord! » je dirai la même chose à Gaston : « Le Colonel est pas
bien !... il est d'avis ! je signe pour nous deux !»... mais que j'arrive le premier, futaine ! pas un pli ! que je le luxe, Arènes pas
Arènes, ce sale ourdisseur faux cochon pour sûr !... c'était peut-
être qu'au pour qu'il pissait ?... au fait ?... au fait ?...

cinch! the metro piece! . . . emotive rails! . . . the taxi! . . . if he
put the finishing touches to that for me! and the bath he took at
the Châtelet! . . . the Revolution in Style! . . . the demise of the
movies! that would be cute! . . . the disgraceful words he would
put in my mouth! enough to get me in hot water with Paulhan!
Gaston! and the others! the whole company! that filthy hypocrite, Professor Y, Colonel! the hatred he would bring to bear on
me! . . . that sot! . . . you saw him drink! but to get home don't I
need a taxi? . . . metro closed up! every line! . . . the gates! I
hiked back! . . . believe it? 's true! on foot the whole way! . . . at
night . . . kind of a guy I am, far as courage goes . . . just as in-
firm, perhaps even more, why sure! . . . why sure, more! . . .
than Colonel Réséda! . . . than that stinking interviewer who
really wore me out! ruined me, did me in, you might say! . . . that
prejudiced drudge! that masterpiece of hypocrisy! . . . and tip-
pler! . . . I should have suspected! oh, he's dangerous! I was telling myself that, on the bench, Place Clichy[85] . . . where I was
taking a little respite . . . how late was it? . . . two o'clock? . . .
how will I find my apartment? . . . that a good question? . . . I'll
find it! once up the hill it won't take long . . . for me it's a snap to
edit copy . . . but I'll have to think about it first! . . . not long!
. . . no, not long! . . . a half-hour . . . and I can only think at
home! . . . at home? at home? . . . I was no longer sure! . . .
would I find it? . . . would I not? . . . what was certain was I had
to get jogging . . . barrelass, move it fast! artagada[86] noggin! . . .
so long as I get there! and then gallop back across Paris! . . .
reach Paulhan's home before the colonel! . . . good old Paulhan's
home! . . . before that other creep gets wakened! starts writing it
up too . . . so! . . . so! . . . he's high class! lives over by the
Arènes,[87] Paulhan does! . . . a few people still alive who know
where the Arènes are located! . . . but it's a long way! . . . oh!
damn! got to give the Arènes their due! hells bells! great Caesar!
Lucretius and Lutetia[88]! . . . it would be too bad! really!

I'll tell Paulhan: "Here's the paper! from both of us! we're in
agreement!" and I'll say the same thing to Gaston: "The colonel's
not feeling well! . . . I'm signing for the two of us! he agrees!" . . .
but I better get there first, goddamit! no snafu! replace him,
Arènes or not Arènes, replace that filthy scheming hypocrite for
sure! . . . maybe it was just for effect that he was pissing! . . .
after all? . . .

L'essentiel ! l'essentiel ! que je me perde pas ! que je fasse les trente... quarante pages, moi !... suffisant pour l'interviouve ! et lisibles ! lisibles ! pas plus du tout aride qu'autre chose !... l'interviouve qui fera pas le tonnerre, bien sûr !... mais qui sera pas non plus la honte dans leur organe qui fait fureur, le Catalyseur des Élites : *L'Illustribus Review New New, Hirsch, Drieu, Paulhan, Gaston, Cº*...

Tout considérant... humblement... le mémoire d'Harvey faisait dix pages, en latin, sur la « Circulation du Sang »... lui qu'était coté, honoré, favori du roi... d'un jour à l'autre plus un client !... sa maison ravagée et tout !... le monde entier contre lui !... pour un petit écrit de dix pages !... alors ? alors ?... il faut se méfier de faire trop court... et Galilée donc !... quatre mots !... qu'est-ce qu'il a pris !... comment qu'il a dû s'excuser !... pour ses quatre mots !... s'agenouiller !... je me relis moi là, il faut se relire !... il faut se méfier de faire trop bref... tout mon mémoire façon d'interviouve... on se relit jamais assez !... oh !... oh !... non... non ! tout de même... ça peut pas aller si loin... je le dis ! ce n'est pas de telle importance...

Stick to the essential! the essential! so I don't lose track! let me write the thirty . . . forty pages myself . . . enough for the interview! and readable! readable! no drier than anything else! . . . the interview won't shoot out lightning, for sure! . . . nor will it bring shame down upon their organ that makes such a furor, the Catalyst of the Elite: *The Illustribus Review New New, Hirsch, Drieu, Paulhan, Gaston, Co.*[89] . . .

All things considered . . . in humility . . . Harvey's[90] memoir ran to ten pages in Latin on "the Circulation of the Blood" . . . he who was so esteemed, honored, favored by a king . . . yet day by day saw no increase in the number of his patients! . . . his house pillaged and all! . . . everyone against him! . . . for a little ten-page memo! . . . so? so? . . . you must beware of brevity . . . and Galileo, too! . . . four words![91] . . . he must have really caught hell! how he had to beg forgiveness! . . . for his four words! . . . fall to his knees! . . . I'm reading my text over! one must! . . . one must really beware of brevity . . . my whole memoir in the form of an interview . . . we can never reread our work too much! . . . oh! . . . oh! . . . no! . . . no! even so . . . things can't go that far . . . I say so! it's not of such great importance.

Notes

Introduction

1. A few critics suggest that Milton Hindus was the model Céline used. Hindus himself notes that the letter Y of the title might well refer to several French slang words for a Jew, notably *youpin* and *youtre*—and there are clear similarities of metaphor and meaning in both the *Conversations* and the Céline-Hindus correspondence. But Professor Hindus declines the honor.

Conversations with Professor Y

1. M. Socle: Céline's footnote. Presumably not a person at all, although it vaguely suggests Socrates, but a reference to the "socle" as a base for a statue or a column; M. Socle as a source implies that the idea is a very basic truth.

2. Place de la Concorde: This is on the site of the former Place de la Révolution where the guillotine was set up during the Reign of Terror.

3. Tuilerie Gardens: beside the Place de la Concorde and the Louvre museum.

4. The big Academy is the French Academy, founded 1635, to which most writers aspire; the little one is the Goncourt, founded a century ago, which awards an annual literature prize, highly esteemed, commercially valuable.

5. Gaston Gallimard, founder and editor of the most prestigious publishing house in Paris: Gallimard, also referred to as the Nouvelle Revue Française (N.R.F.).

6. Paulhan, Jean: man of letters, at that time was directing the N.R.F.

7. *Cahiers antiques antiques*: There is no such journal. The name—typical Céline—mocks the *Nouvelle Revue Française* which had become fascist during the Occupation under the editorship of Drieu la Rochelle. It had ceased publication for a few years, resumed in 1953—a year before Céline wrote these *Conversations*—under the name of *"Nouvelle" Nouvelle Revue Française* in order to shake its wartime identity. That explains Céline's "antique antique" jest. The review kept the second "nouvelle" through the 1950s, then dropped it.

8. Arts and Trades: typical small Parisian park with trees, pool, fountain, statue, benches, grillwork fence, urinal (now defunct). Officially called Square Emile Chautemps, it is in the third arroundissement, in front of the School of Arts and Trades.

9. Pensums: after-school compositions, usually assigned as punishment to students; one can imagine their labored and boring qualities.

10. Goncourtiers (*goncourteux*): Typical word invention of Céline, suggesting the "courtiers" of the Goncourt prize.

11. Abélard: Twelfth century theologian and scholastic philosopher. Known today for his love of Héloïse, Céline recalls his specious reasoning when dealing with cases of conscience.

12. Confusion mongers (*confusionnistes*): word combination using the form of a standard word *confucianiste* (with its religious and Confucian overtones), and "confusion" itself.

13. Delly: A pseudonym for the team of Frédéric Petitjean de la Rosière (1876–1949) and his sister Jeanne Marie (1875–1947) who collaborated on close to a hundred popular novels of adventure, romance and espionage for children and adults through the first half of this century. Their novels were still being printed through the 1970s.

14. Pop stuff: The French word *chromo* is also English, but rare.

15. St. Sulpice: refers to both a Paris church and (particularly) a group of secular priests who direct the seminary teaching, with emphasis on popular outreach.

16. Balzac, etc.: All are writers of the nineteenth and twentieth centuries whose works are considered classics today.

17. Péguy: French poet, deeply religious and concerned with social welfare. Died in World War I.

18. Psichari: Both father and son were popular writers. Latter wrote in defense of the military life. Died in World War I.

19. Rolland: Popular writer on the arts; his major novel, *Jean Christophe* was very moving in its time and even today.

20. Refers to the Grand Salon of 1873. See note 22.

21. Virtue: Céline transformed the noun into the verb form *veux-tu?* a near homonym that means "do you want to?"

22. Grand Salon: This is probably meant to refer to the Salon des Refusés (1863) where Manet showed his *Déjeuner sur l'herbe*, scandalizing the public, angering critics with his technical innovations. The first public exhibition of impressionist paintings came in 1873, which critics again scorned and the public ridiculed. In 1874 the Impressionists held their own exposition.

23. René: Probably the hero in a tale of romantic melancholy, written by Chateaubriand and embodying the passion for nature, for mystery and exoticism of the early nineteenth century's *mal du siècle*.

24. Bourget, Paul (1852–1935): Doctor, became critic and writer of psychological, sociological novels. His best-known novel was *Le Disciple*, a study of science vs. tradition, but he is now remembered mostly for his essays on literature, quite conservative from the current point of view.

25. gay (*gidien*): A reference to André Gide, who publicly confessed his homosexuality in *Corydon* during the twenties.

26. Corinne: Heroine of the novel of the same name by Mme de Staël (1807). Corinne was a Roman poetess, a free spirit of artistic genius who died of frustrated love.

27. Denoël: publisher of Céline's work, including the virulent pro-peace, anti-Semitic pamphlets that so appalled readers, yet which were so sought after. In the Bibliothèque Nationale, the catalog card for the 1937 pamphlet, *Bagatelles pour un massacre*, has its upper right corner simply worn off from so much handling. Denoël was assassinated (December, 1945) during the "avenging justice" days of the Liberation.

28. Napoleon and his "style": Céline suggests that assassins lay claim to the valor and glory of a Napoleon, though having satanic motives.

29. Bernadotte, Count Folke: a Swede, active in the Red Cross during World War II, assassinated by Jewish extremists (1948) when he went as U.N. mediator to Palestine. Duke of Enghien, Henri: executed after a mock trial, 1804. A famous painting of the announcement of his death was done by J.-P. Laurens.

30. Thénardier: a scoundrel, thief and tavern keeper in the Cosette episode of Hugo's *Les Misérables*.

31. Pustine: A name invented by Céline to represent any typical actress.

32. Purged: When World War II drew to its end, Céline received many death threats (Roger Vailland described one assassination plan in *Le Petit Crapouillot*, 1950), and fearing to be killed or "purged," he fled France as the German soldiers withdrew. His apartment and possessions were looted in his absence.

33. Brichantzky: It is difficult to find any information on this supposed teacher of the dramatic arts.

34. Papuans: natives of the South Pacific, exoticism à la Gauguin. Often used by Céline to suggest a primitive society.

35. Tour de France: the annual, very popular international bike race around France.

36. *Figaro*: a well-known conservative Paris newspaper.

37. *Huma* (*Humanité*): the communist party newspaper in Paris.

38. Leon (Trotsky): he had written in the *Atlantic Monthly* (October, 1935), that "Céline walked into great literature as others enter their home," noted that while describing man's wretchedness, he showed no sign of active revolt against the system that created it. Predicted that despite Céline's apparent hostility toward the powers that be, he would probably tend more toward fascism than communism.

39. Conspiracy: refers to the near universal conspiracy of silence that enveloped Céline for fifteen years following the publication of his anti-Semitic pamphlets.

40. Courtial: a major character in Céline's *Death on the Installment Plan*, a man obsessed with scientific illusions.

41. Bonheur (1822–99): French painter, especially of the rural scene.

42. Cherbuliez (1829–99): novelist and academician; witty, cosmopolitan.

43. Laurens (1838–1921): painted popular scenes of French history.

44. Grévin, Alfred (1827–92): French illustrator and writer; fine sense of observation and humor.

45. Pont Alexandre III: one of the first steel bridges spanning the Seine at the Place des Invalides. Followed the example Eiffel gave by using steel rather than stone in construction.

46. Montehus [sic]: a militant socialist singer for most of his life, turned ultrapatriot during WWI and after 1935. Known for a song written to honor soldiers who refused to fire on striking vine-growers in 1906.

47. Lanson, Gustave (1857–1934): professor, one of the leading literary critics of his day. His *Histoire de la littérature française* sought to unite the lives of writers with their works.

48. Souls: This whole paragraph raps the existentialists, primarily Sartre, who had acknowledged Céline's originality by quoting him in an epigraph to his novel *La Nausée* (1938), then turned against him for his racism, accusing him in "Portrait de l'antisémite" (1945) of being on the Nazi payroll. Céline responded in fury with his "A l'agité du bocal" (1948). Here he continues the attack, mocking the *visqueux* (mucus) of Sartre's existential world. The "foetuses" are probably the still-born novels—Sartre was far better as a playwright and essayist than as a novelist. The reference to rebels, commitment, "beyondyond" the Self, questioning traditional human values, applies equally to Sartre, Camus (his *L'Homme révolté* for instance) and others.

49. Center: obviously a pejorative term for modern art galleries, which he doesn't like any more than the Impressionist public liked theirs.

50. Portitio: perhaps a reference to Picasso. I consulted J. H. Matthews, author of a number of books on surrealism, who wrote back: "So far as I know there never was a surrealist painter named Portitio, which doesn't mean to say that Céline couldn't make us believe in him."

51. Mauriac, François: Catholic novelist, wrote on themes of love, togetherness, man's isolation. Died of cancer in 1970.

52. Fernandez, Ramon: writer who was quite successful before the war, died during the forties, now little known.

53. Richelieu (1585–1642): cardinal and prime minister under Louis XIII. He founded the French Academy.

54. Tartuffe: the villainous hypocrite in the comedy of that title by Molière. Today his name is the synonym of *hypocrite*.

55. Mirabeau (1749–91): great orator of the French Revolution.

56. Barbès, Lape: probably two bars named after the streets they are on, Barbès near the Gare du Nord, Lappe [sic] near the Bastille.

57. Marquise: Madame de Sévigné (1626–96) who wrote some 1,500 letters, mostly to her daughter, on every aspect of court life under Louis XIV. Her letters, racy, spirited and revealing, are now considered a classic of French literature.

58. Périgord, Beauvaisis: two widely separated areas, the first in the southwest of France, near Bordeaux, the second around Beauvais, about fifty miles north of Paris.

59. Beast: Céline called it a two-headed beast, but he was no doubt alluding to the age-old image of a couple making love, the beast with two backs. It can be found in Shakespeare's *Othello*, among other plays, or more recently in Giraudoux's *La Guerre de Troie n'aura pas lieu*.

60. François Mauriac, Paul Claudel: The novelist and dramatist followed similar paths: deeply Catholic, concerned about politics, members of the Academy. The independent Céline here condemns them for flowing with the political winds of the day. Both were staunch Pétainists in 1940, later became Gaullists. Mauriac was known as a political *girouette* (weathervane), and thus survived the troubled times with honor and wealth—facts which Céline in his exile and poverty deeply resented. The "newspaper" referred to is possibly the royalist *Action Française* of Maurras, which both men seem to have read and on occasion praised, or more probably the conservative *Figaro*, to which they contributed.

61. Théâtre Français: Comédie Française. The state-subsidized theater in central Paris seems to be as far "east" as they reached.

62. *Ode*: in tribute to the 'sublimity' of each of Claudel's five Odes.

63. *Méduse*: painting by Géricault, a famous example of French romantic painting, containing the drama and exoticism of the raft bearing the few survivors of the Méduse shipwreck of 1816.

64. *Déjeuner sur l'herbe*. A famous impressionist painting by Manet, in which one of the picknickers is nude. First exhibited in 1863 to a horrified public and outraged critics. Céline's point is that impressionism brought painters outdoors, working under full sunlight, rather than in their studios. This revealed the full possibilities of color where photographers could not compete. Writers, on the other hand, did not find a valid way to compete with film makers.

65. Malherbe: an early seventeenth-century poet, harmonious but rigid in form, rather cold in subject matter. Boileau, the great classical

critic, wrote of him in his *Art poétique* "Enfin Malherbe vint (At last Malherbe came)" to welcome the order and reason he brought to literature.

66. Pascal (1623–62): a mathematician and theologian who wrote his *Thoughts* in defense of Jansenism and against the casuistry of the Jesuits. He wrote of man suspended between the infinitely great and the infinitely small, and of his awe at contemplating the emptiness of the heavens about him.

67. Pigalle: metro entrance in the night life district of Paris where Céline lived and worked. His clinic was nearby in Clichy.

68. Issy-les-Moulineaux: southwestern suburb of Paris, six or seven miles from the Pigalle area.

69. Bewitchery: The usual French word is *ensorcellement*, but by altering the suffix Céline creates a word that catches the eye more readily, with a little extra tingle, that "occasional seasoning." The new suffix suggests *allure*, which has speed and rhythm; *-ment* is rather boring.

70. *Madame Bovary*: Flaubert's masterpiece of observation and polished style. Published in 1857, it was reproached for its immoral heroine.

71. *Boule de Suif*: a work of Maupassant dealing with the Franco-Prussian War, and which propelled him to immediate fame in 1880.

72. Parabungled: a typical Céline term, made up of *para* (supplementary, alongside), and *cafouilleux*, a colloquial derivative from the French verb to flounder, misfire or splutter.

73. Pulp: Céline's word "écrabouillure" is a compound of *écraser* (to crush) and *bouillie* (pulp or jelly), plus the suffix *-ure*. Every syllable amplifies the sense of squashing. When words have a weak, noncontributing syllable, Céline will often plug a more resonant or emotionally-loaded sound/suggestion in its place. A classic example is his pejorative word for a translator (French: *traducteur*) which he converted to "trouducteur" where the first two syllables (hole of the) implies "asshole."

74. Twerpy: another Céline invention. *branque* combined with *guignol* (both meaning "jerk" or "clown") doubles the force of the word.

75. Joinville: references to the Grévin Wax Museum in Pigalle, to Hollywood and Joinville (southeast of Paris), where several movie studios are located. They are aspects of popular culture that Céline seems willing to do without.

76. Ataxics: those suffering from loss of muscular coordination, just as sclerotics suffer from sclerosis. Céline often reminds us, directly or indirectly that he is also a medical doctor. He always claimed medicine was man's only worthwhile thought.

77. Capricorns: example of Céline's deliberately sowing misleading or false statements in his work. He was born on the 27th of May. Another

example is his claiming to have been trepanned in World War I, which has turned out to be untrue. Note how a few pages further on the hapless interviewer will inherit the mythical trepanation.

78. Centrale, or Maison centrale, is the term used to designate prisons in various communities.

79. Colette (1873–1954): novelist who explored with sensitivity and interest the perversities of human creatures. One of her best known works is *Gigi*. She was the first woman to have a state funeral, and just at the time Céline was writing this book.

80. Châtelet: a square in the center of Paris, halfway from the Arts and Trades Square to the N.R.F.

81. See note 65.

82. Pont des Arts: bridge between the Châtelet and Gallimard's, crossing the Seine beside the Louvre.

83. Drunks: Céline did not drink. This is another example of his blackening himself, "covering his ego with shit."

84. Institute (Institut de France): Beside the Seine at the south end of the Pont des Arts is located the building where the French Academy (and several other academies) regularly meet.

85. Place Clichy: public square on edge of Montmartre district where Céline lived, one metro stop from Pigalle.

86. Artagada: More rhythm than word, sound than sense, it harks back to nursery rhymes or chants like "eenie meenie minie mo." French has more than its share, as in this *comptine*: "am stram gram, pic et pic et colégram, bourre et bourre et ratatam, am stram gram." Céline's sentence unfailingly brings a smile to the French reader's face.

87. Arènes: Roman arena, unearthed last century, located in Jussieu area of the fifth arrondissement, rue Monge.

88. Lutetia: the Latin name for early Paris meaning "place of swamps." Linked with Lucretius, a Roman poet, suggests the 2,000-year span the Arena and modern Paris represent. Similarity of names is obvious.

89. *Gaston, Co.*: a parody of the N.R.F.'s title and editors, which Céline himself had written in English. There is a humorous effect in this, for the *Review New New* suggests to the French ear the term *à neu neu*, meaning "dressed up in one's best bib and tucker." Also the humorous use of the Latin ending in *illustribus* (harking back to Molière's use of such terms) to add prestige to the *Revue*.

90. Harvey, William: the early seventeenth-century doctor who discovered the circulation of the blood.

91. Galileo's four words came after he was forced by the Inquisition to recant his discovery of the earth's movement around the sun. He is reputed to have said: "Nevertheless it does move" (*E pur si muove*).

Bibliography

Céline's works in English translation

Journey to the End of the Night. Trans. John H. P. Marks. London: Chatto and Windus; Boston: Little, Brown and Co., 1934.

Journey to the End of the Night. Trans. Ralph Manheim. New York: New Directions, 1983.

"Homage to Zola." *The Literary World: A Survey of International Letters,* 9 (June 1935). Reprint *New Statesman and Nation* (10 October 1936).

Mea Culpa and *The Life and Work of Semmelweis* (his doctoral dissertation). Trans. R. A. Parker. London: Allen and Unwin; New York: H. Fertig, 1937.

Death on the Installment Plan. Trans. John H. P. Marks. London: Chatto and Windus; Boston: Little, Brown and Co., 1938.

Death on the Installment Plan. Trans. Ralph Manhein. New York: New Directions, 1966.

Guignol's Band. Trans. Bernard Frechtman and Jack T. Nile. London: Vision Press, 1950. Reprint New York: New Directions, 1954.

"Excerpts from letters to Milton Hindus." *Texas Quarterly,* 5 : 4 (1962), 22–38.

Castle to Castle. Trans. Ralph Manheim. New York: Delacorte, 1968.

North. Trans. Ralph Manheim. New York: Delacorte, 1972.

Rigadoon. Trans. Ralph Manheim. New York: Delacorte, 1974.

Critical Articles referred to in the Introduction

Adam, Antoine, ed. *Littérature française,* 2. Paris: Larousse, 1968, p. 275. Quotes Aymé and Beauvoir.

Alméras, Philippe. "Eros et Pornos." Actes du colloque de Paris, 1976, pp. 297–306.

Barthes, Roland. *Le Degré zéro de l'écriture.* Paris: Seuil, 1953, pp. 58–60.

Beauvoir, Simone de. *La Force de l'âge.* Paris: Gallimard, 1960, p. 142.

Bénazet, Henry. Review of *Journey* in *Tribune républicaine* (26 October 1932).

Bernanos, Georges. Piece on Céline, reprint in *Candide* (6–13 July 1961), p. 16.

Bianchini, Renzo. A worthy disciple of Céline with two novels: *Pue la mort* and *Carnaval des agoniques*. Interviewed by Moudenc in *Ecrits de Paris*, 339 (September 1974), pp. 112–16.

Daudet, Léon. Review of *Journey* in *Candide* (22 December 1932), p. 6.

Fowlie, Wallace. "Pleading the Absurdity of Human Existence." *Commonweal*, 60 (9 January 1954), p. 346.

Gandon, Yves. *Cent ans de jargon*. Paris: Haumont, 1951.

Godard, Henri. Préface in Céline's *Romans*, 1. Paris: Pléiade edition, Gallimard, 1981.

Hayman, David. *L.-F. Céline*. New York: Columbia University Press, 1965.

Kristeva, Julia. "Céline le moderne." *Cahiers de recherches*, S. T. D., 34/44 (Fall, 1976), p. 16.

Launay, P.-J. "L.-F. Céline le révolté." Report in *Cahiers Céline*, 1.

Mambrino, Jean. "La Petite musique de Céline." *Etudes*, 339 (August–September 1973), pp. 217–37.

Mondor, Henri. "Voyage au bout de la colère." *Nouvelles littéraires*, 1804 (29 March 1962), p. 3.

———. "Avant-propos" in Céline's *Romans*, 1. Paris: Pléiade edition, Gallimard, 1962.

Simon, P. H. "L'Aurore est au bout de la nuit." *Herne* (1972), pp. 407–9.

Tanguy, F. G. "Bardamu, le populiste chagrin." *Révolution droitiste* (September 1981).

Tyczka, Christopher. "Céline et la comédie." *Actes du colloque international d'Oxford*, Bibliothèque L.-F. Céline de l'Université Paris 7, 1981, pp. 129–44.

Vitoux, Frédéric. *L.-F. Céline: Misère et parole.* Paris: Gallimard, 1973.